GÉNÉALOGIE

DE LA FAMILLE

MASUREL

Dressée sur Titres

par

M. Auguste BIGO

LILLE

IMPRIMERIE L. DANEL

1899

GÉNÉALOGIE

DE LA FAMILLE

MASUREL

GÉNÉALOGIE

DE LA FAMILLE

MASUREL

DRESSÉE SUR TITRES

PAR

M. AUGUSTE BIGO

LILLE
IMPRIMERIE L. DANEL
1899

MASUREAU - MARLIER

Lambert

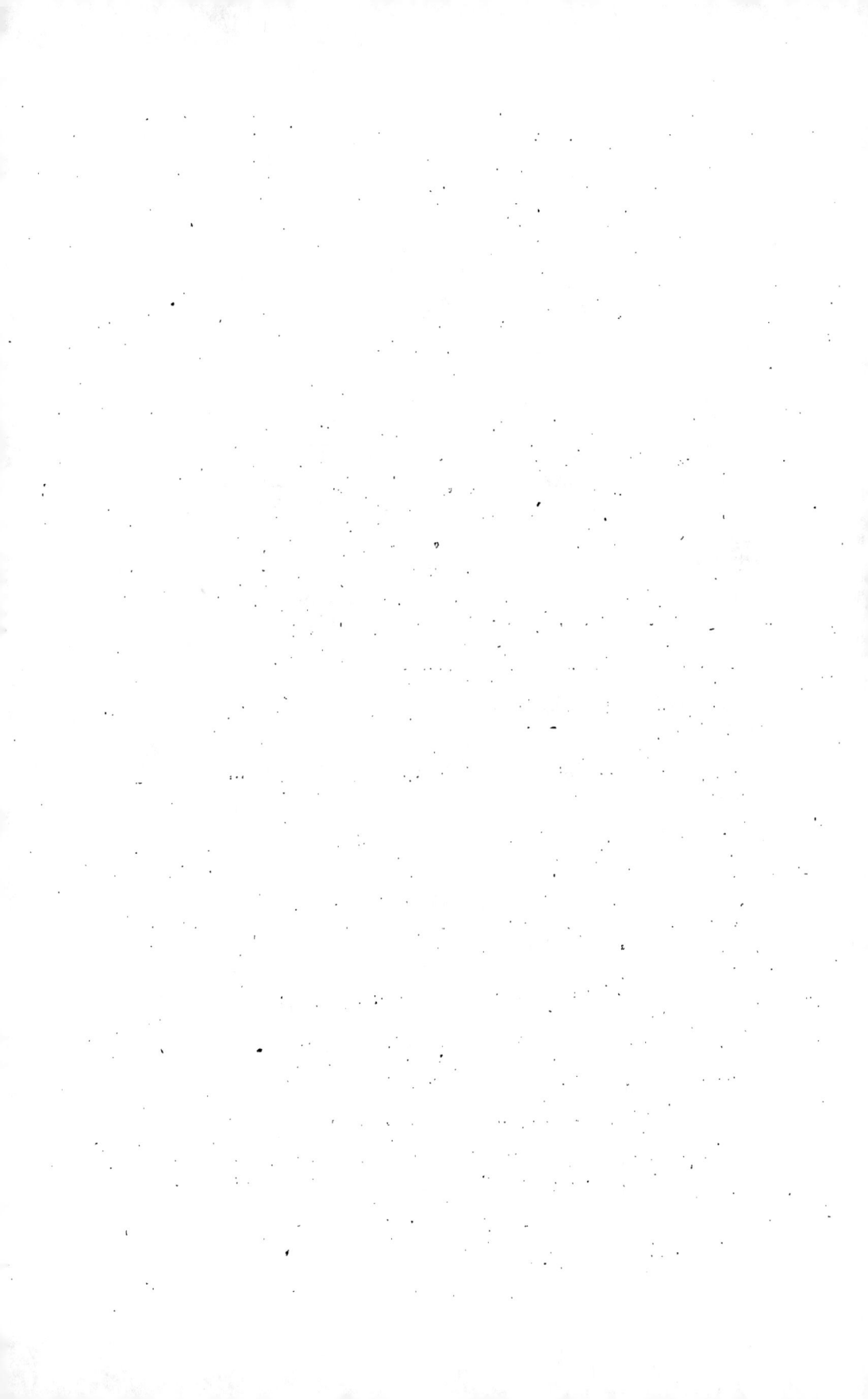

Masureau–Marlier

Lambert

(1ʳᵉ Génération)

1. Vers 1590, MASUREAU - MARLIER, Lambert, le premier aïeul connu avec certitude, demeurait à Tourcoing ; quelques indices font supposer qu'il habitait rue des Ursulines (appelée alors rue du Niau) et qu'il joignait à la culture un petit commerce de peigneur de laines.

Pendant 300 ans, la postérité de Lambert MASUREL, continue ce commerce de marchand peigneur de laines :

MASUREAU-DELETOMBE, Pasquier, son fils, (1595-1673) ;

MASUREL - DESROUSSEAUX , Pasquier, son petit - fils, (1637-1722) ;

MASUREL-DELOBEL, Jean-Baptiste, son arrière-petit-fils, (1695 - 1755);

Et MASUREL - HOUZET, Jean - Baptiste , fils du précédent , (1724).

Etaient, le premier cultivateur et marchand peigneur, les trois autres , marchands peigneurs à Tourcoing.

Les François MASUREL viennent ensuite :

François MASUREL - DESURMONT, (6ᵉ génération);

François MASUREL - DERVAUX , (7ᵉ génération) ;

François MASUREL - POLLET, (8ᵉ génération) ;

François MASUREL - JONGLEZ , (9ᵉ génération) ;

Prospérant toujours davantage, ils forment maintenant, avec leur postérité, plusieurs des principales maisons de commerce du Nord de la France et ont étendu leurs établissements jusque dans l'Amérique et dans l'Océanie.

Puisse le jeune François V, tête de la dixième génération, les égaler en bonne renommée et les dépasser encore en succès.

A l'époque où vivait Lambert MASUREAU - MARLIER, les Masurel, que les actes d'église dénomment Masurel et Masureau, pullulaient à Tourcoing ; la bourgade d'alors en comptait plus qu'on n'en trouve à présent dans le Tourcoing de 80,000 âmes. Aussi n'était-ce pas une petite besogne que de trier les aïeux et leurs races dans les brèves, peu lisibles, et innombrables mentions d'état-civil de l'époque. Le compilateur y est arrivé, grâce au précieux concours de l'aimable abbé Félix Bouillet. Il a pu contrôler en outre, presque toutes les mentions des registres de paroisse, au moyen des anciens actes notariés qui sont à Lille, au tabellionat, de sorte que la généalogie, incomplète sans doute, ne contient probablement pas beaucoup d'erreurs.

Lambert MASUREAU, épousa Marie MARLIER dont il eut cinq enfants :

1° MASUREL, Jean (2).

2° MASUREL, Marguerite (3).

3° MASUREL, Catherine (4).

4° MASUREL, Guillebert (5).

5° MASUREL, Pasquier (10).

Masurel

i.

Jean

2. MASUREL, Jean, fils de Lambert (1) et de Marie Marlier, baptisé à Tourcoing, église Saint-Christophe, le 25 septembre 1599. Parrain : Jean Delplanque ; marraine : Isabelle Masurel.

Masurel

i.

Marguerite

3. MASUREL, Marguerite, fille de Lambert (1) et de Marie Marlier, baptisée à Tourcoing, église Saint-Christophe, le 20 février 1604. Parrain : Jacques Selos ; marraine : Marguerite Lefebvre.

Masurel

i.

Catherine

4. MASUREL, Catherine, fille de Lambert (1) et de Marie Marlier, baptisée à Tourcoing, église Saint-Christophe, le 23 février 1606. Parrain : Jean Ladsous ; marraine : Marie Motte.

Masurelle-Desrousseaux

i.

Guillebert

5. MASURELLE, Guillebert, fils de Lambert (1) et de Marie Marlier, baptisé à Tourcoing, église Saint-Christophe, le 25 février 1598. Parrain : Waetjens Marlière ; marraine : Marie Mouton ; il épousa Marie DESROUSSEAUX dont il eut quatre enfants :

1° MASUREAU, Pierre (6).

2° MASUREL, Anne (7).

3° MASUREL, Marie (8).

4° MASUREL, Jacques (9).

Masureau

k.

Pierre

6. MASUREAU, Pierre, fils de Guillebert (5) et de Marie Desrousseaux, baptisé à Saint-Christophe, le 3 février 1619. Parrain: Pierre Masureau; marraine: Antoinette Desrousseaux.

Masurel

k.

Anne

7. MASUREL, Anne, fille de Guillebert (5) et de Marie Desrousseaux, baptisée à Saint-Christophe, le 26 mars 1625. Parrain : Pierre Desrousseaux ; marraine : Anne Marlier.

Masurel

k.

Marie

8 MASUREL, Marie, fille de Guillebert (5) et de Marie Desrousseaux, baptisée à Saint-Christophe, le 23 mars 1628. Parrain : Ubalde Desrousseaux ; marraine : Pétronille Motte.

Masurel

k.

Jacques

9. MASUREL, Jacques, fils de Guillebert (5) et de Marie Desrousseaux, baptisé à Saint-Christophe, le 20 août 1631. Parrain : Jacques Descamps ; marraine : Marie Masureau.

MASUREAU-DELETOMBE

Pasquier

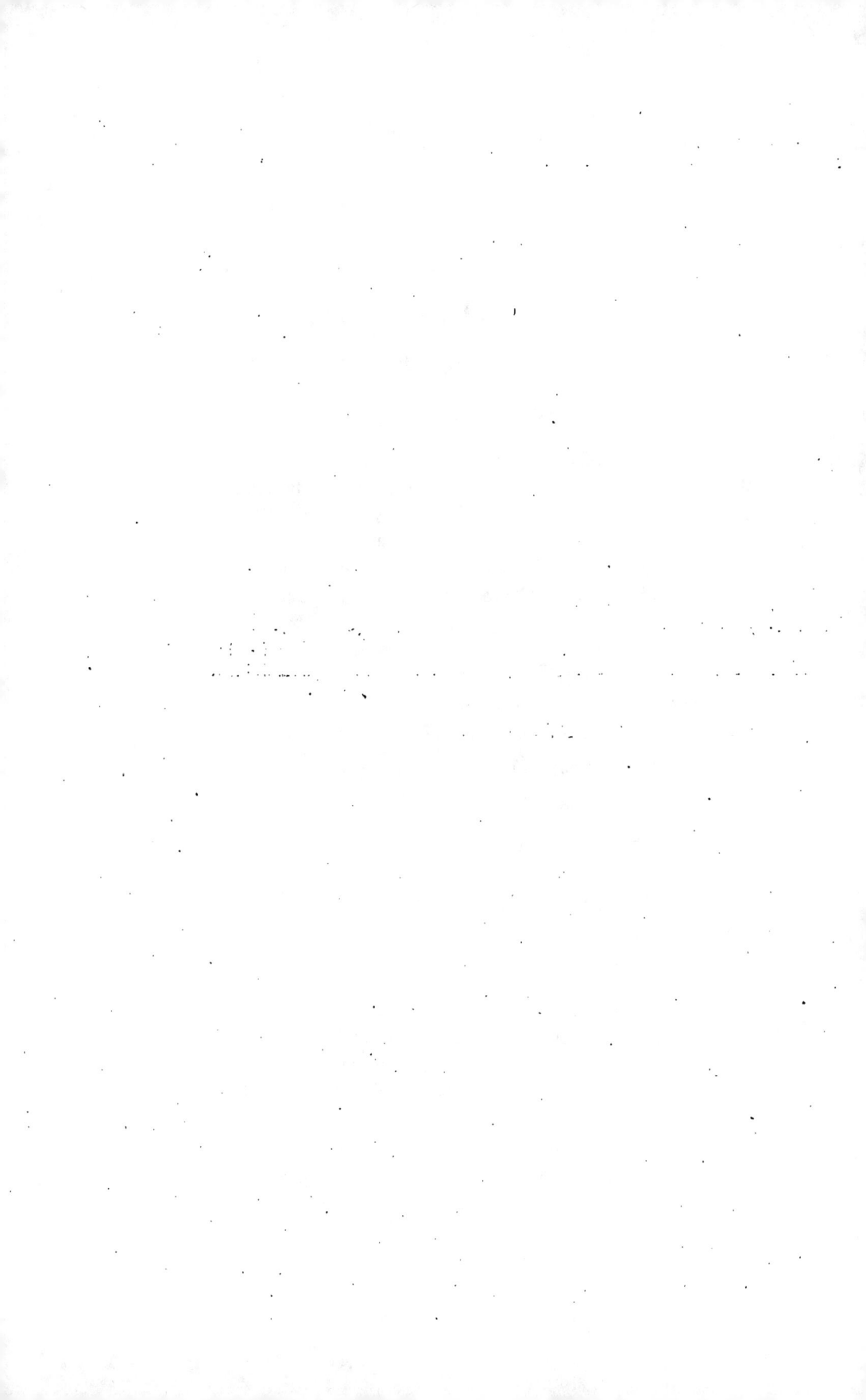

Masureau-Deletombe

Pasquier

(2ᵉ GÉNÉRATION)

10. MASUREAU, Pasquier, fils aîné de Lambert Masureau-Marlier (1) et dont voici l'acte de baptême, copié sur les registres de l'église Saint-Christophe, à Tourcoing : « 1595, 18 mars, Bapt. fuit Paschalius filius Lamberti Masureau et Mariæ Marlier.Susceptores, Jean Welcomme, Catherine Deleplanque », épousa Antoinette De Le Tombe; on leur connaît onze enfants :

1º MASUREAU, Catherine (11).

2º MASUREAU, Lambert (14).

3º MASUREAU, Lambert (15).

4º MASUREL, Jacques (16).

5º MASUREL, Jean (17).

6º MASUREL, Jean (18).

7º MASUREL, Marie (19).

8º MASUREL, Alexandre (20).

9º MASUREL, Gilles (21).

10º MASUREL, Toussaint (22).

11º MASUREL, Pasquier (48).

Suivant partage des successions des époux Pasquier Masurel Deletombe, reçu par Mᶜ Desmadril, notaire à Tourcoing, le 24 avril 1674, d'aucuns héritages tant patrimoniaux qu'acquets, dévolus, succédés et eschus à leurs enfants, il a été attribué après prîserie :

A Toussaint Masurel (22) et à Anthoinette et Marguerite Six (12. 13) sœurs filles à marier de Nicolas et de défunte Catherine Masurel, tout un lieu, manoir à usage de plusieurs demeures, gisans et tenus de Tourcoing, contenant, cette moitié vers bize, ainsi qu'il est édiffié et planté d'arbres fruits portans, et bois montans, le nombre par mesure de cinq quarterons et demi aboutant vers bise et Écosse aux héritages des veuves et hoirs Jacques Masurel, de midy, au chemin du Nio, compris la moitié d'iceluy, venant du marché de Tourcoing vers le Flaucon, du couchant à l'autre moitié.

A Gilles (21) et Pasquier (48) Masurel, l'autre moitié, tenant audit chemin du Nio, menant du marché de Tourcoing vers le Flaucon, du couchant à l'héritage de Martin Marlier et d'Ecosse audit Jacques Masurel.

A Jean Motte et Marie Masurel (19), 37 florins 10 pattars de rente héritière par an, au rachapt de 600 florins en laquelle Jacques Desrousseaux, fils de feu Jacques, à Tourcoing, est obligé au profit dudit Pasquier Masurel-Deletombe, par acte du souverain Baillage de Lille, du mois d'août 1643.

Six-Masureau

k.

Catherine.

11. MASUREAU, Catherine, fille de Pasquier Masureau (10) et d'Antoinette Deletombe, baptisée église Saint-Christophe, le 2 décembre 1618. Parrain : Jean De Le Tombe ; marraine : Marie Marlier ; elle épousa Nicolas SIX, mourut avant 1674 et laissa deux filles :

12. SIX, Antoinette (l.) et 13. SIX Marguerite (l.), mineures en 1674; ainsi que le tout résulte du partage Masurel Deletombe, reçu le 24 avril 1674 par Mᵉ Desmadril notaire à Tourcoing et ci-dessus énoncé.

Masureau

k.

Lambert

14. MASUREAU, Lambert, fils de Pasquier Masureau (10) et d'Antoinette Delctombe, baptisé à Saint - Christophe, le 21 octobre 1620. Parrain : Antoine Lorthiois ; marraine : Philippine Casse.

Masurel

k.

Lambert

15. MASUREL, Lambert, fils de Pasquier (10) et d'Antoinette Deletombe, baptisé à Saint - Christophe, le 19 août 1621. Parrain : François Masurel ; marraine : Marie De Le Tombe.

Masurel

k.

Jacques

16. MASUREL, Jacques, fils de Pasquier (10) et d'Antoinette Deletombe, baptisé à Saint - Christophe, le 1er janvier 1626. Parrain, Jean Deletombe ; marraine : Catherine Masurel.

Masurel

k.

Jean

17. MASUREL, Jean, fils de Pasquier (10) et d'Antoinette Deletombe, baptisé à Saint-Christophe, le 18 novembre 1627. Parrain : Jean De le Tombe ; marraine : Catherine Masurel.

Masurel

k.

Jean

18. MASUREL, Jean, fils de Pasquier (10) et d'Antoinette
Deletombe, baptisé à Saint-Christophe, le 9 décembre 1628.
Parrain : Jean De le Tombe ; marraine : Madeleine Masurel.

Motte-Masurel

k.

Marie

19. MASUREL, Marie, fille de Pasquier (10) et d'Antoinette
Deletombe, épouse de Jean Motte.

Masurel

k.

Alexandre

20. MASUREL, Aléxandre, fils de Pasquier (10) et
d'Antoinette Deletombe, baptisé à Saint-Christophe, le
12 mars 1636. Parrain : Alexandre Masurel ; marraine :
Marguerite Boïaval.

Masurel-Nollet

k.

Gilles

21. MASUREL, Gilles, fils de Pasquier (10) et d'Antoinette
Deletombe, baptisé à Saint-Christophe, le 12 mars 1636.
Parrain : Gilles Lefebvre ; marraine : Catherine D'halluin.
Dans un acte reçu par Mᵉ Desmadril, notaire à Tourcoing, le
22 février 1678, Gilles Masurel, fils de feu Pasquier, marchand, mary et bail de Marie NOLLET, demeurant à Tourcoing, accorde en bail à Jean Wellecomme, fils de feu Jaspar,

chandrelier à Tourcoing, une maison manable, ouvroir, granges et autres édifices, au loyer de 72 livres.

Masurel-Deroubaix

k.

Toussaint

22. MASUREL, Toussaint, fils de Pasquier (10) et d'Antoinette Deletombe, baptisé à Saint - Christophe, le 18 octobre 1623. Parrain : Toussaint Marlier ; marraine : Philippine Casse ; il épousa Jeanne DEROUBAIX, dont il eut huit enfants :

1° MASUREL, Pasquier (23).

2° MASUREL, Jacques (24).

3° MASUREL, Marie-Catherine (25).

4° MASUREL, Gilles (26).

5° MASUREL, Pétronille (36).

6° MASUREL, Françoise (37).

7° MASUREL, Pierre-Pasquier (38).

8° MASUREL, Toussaint (45).

Pasquier (23), Gilles (26), Pierre (38) et Toussaint Masurel (45), enfants de Toussaint Masurel-Deroubaix, comparaissent avec Pierre Delmotte relief aux enfants de Françoise Masurel (37), sa femme, comme héritiers en ligne collatérale de Maximilien Dupont, leur grand-oncle du côté paternel dans un acte de bail de douze cents verges à Comines, reçu par Mᵉ Alexandre Raoult, notaire à Tourcoing, le 2 mars 1708.

Masurel

1.

Pasquier

23. MASUREL, Pasquier, fils de Toussaint (22) et de Jeanne de Roubaix, baptisé église Saint-Christophe, le 30 octobre 1650,

est désigné comme maître peigneur à Tourcoing, dans son testament dicté le 2 juin 1708 à M⁰ Raoult, notaire à Tourcoing, par lequel il institue pour légataire universel, son frère, Toussaint Masurel ci-après (45).

Masurel

1.

Jacques

24. MASUREL, Jacques, fils de Toussaint (22) et de Jeanne de Roubaix, baptisé à Saint - Christophe, le 14 février 1653. Parrain: Jacques Masurelle; marraine: Pétronille Desrousseaux.

Masurel

1.

Marie-Catherine

25. MASUREL, Marie-Catherine, fille de Toussaint (22) et de Jeanne de Roubaix, baptisée à Saint - Christophe, le 25 novembre 1654. Parrain : Maximilien Dupont ; marraine : Catherine Masurel.

Masurel-Delobel

1.

Gilles

26. MASURELLE, Gilles, fils de Toussaint (22) et de Jeanne de Roubaix, baptisé à Saint - Christophe, le 6 mai 1660. Parrain : Gilles Masurelle ; marraine : Marguerite De Roubaix; épousa le 25 août 1690 Marie- Catherine DELOBEL, et mourut à Tourcoing dans un manoir qu'il possédait au Bleu Châtel, sur la route de Tourcoing à Lille. L'inventaire dressé après sa mort, le 17 septembre 1734 à la requête de ses deux enfants, Jacques-Toussaint Masurel (27) et Jean-Baptiste Masurel (34), relate un mobilier de petit cultivateur : « Dans l'ouvroir de

peigneur, telles cuvelles au lait et lait battu, 2 vaches, un manoir et 10 cents à Tourcoing, dépendant de la seigneurie du Bleu Châtel; 16 livres parisis de rente, cinq mesures à Comines et cinq cents à Zantwoorde, provenant de Maximilien Dupont, parrain de Marie - Catherine Masurel, ci - dessus nommée.

Deux enfants :

1° MASUREL, Jacques - Toussaint (27).

2° MASUREL, Jean - Baptiste (34).

Masurel–Masurel

m.

Jacques-Toussaint

27. MASUREL, Jacques - Toussaint, fils aîné, des époux Masurel-Delobel, épousa à Tourcoing, le 10 juillet 1726 Marie Jeanne MASUREL, fille de Toussaint et de Marie - Jeanne Clarisse, de laquelle il eut six enfants :

1° MASUREL, Marie-Florine (28).

2° MASUREL, Arnould–Jean-Baptiste (29).

3° MASUREL, Pierre-Joseph (30).

4° MASUREL, Marie-Anne (31).

5° MASUREL, Louis-Joseph (32).

6° MASUREL, Marie-Catherine-Joseph (33).

Jacques-Toussaint Masurel-Masurel est qualifié marchand à Tourcoing, dans l'acte reçu par Mᵉ Jacques Lambaere, notaire à Tourcoing, le 3 février 1736, aux termes duquel il vendit à Antoine Morel, greffier à Santwoord, demeurant à Houlhem, les quatre cents de terre à Comines Noort Seigneurie d'Oosthove qui lui provenaient des successions des époux Masurel-Deroubaix ses père et mère.

Masurel

n.

Marie-Florine

28. MASUREL, Marie-Florine, fille de Jacques Toussaint (27) et de Marie-Jeanne Masurel, décédée à Tourcoing en 1754, âgée de 26 ans.

Masurel

n.

Arnoult-Jean-Baptiste

29. MASUREL, Arnoult - Jean - Baptiste, fils de Jacques-Toussaint (27) et de Marie-Jeanne Masurel, décédé marchand à Tourcoing, à l'âge de 24 ans.

Masurel-Libert

n.

Pierre-Joseph

30. MASUREL, Pierre-Joseph, fils de Jacques-Toussaint (27) et de Marie-Jeanne Masurel, marchand à Tourcoing, qui, à l'âge de 29 ans, épousa à Tourcoing, le 6 juillet 1662, Marie-Jeanne LIBERT, âgée de 31 ans, fille de Pierre-Philippe et de Marie-Thérèse Desbouvry.

Masurel

n.

Marie-Anne

31. MASUREL, Marie-Anne, fille de Jacques-Toussaint (27) et de Marie-Jeanne Masurel, décédée à Tourcoing en 1754 à 19 ans.

Masurel

Louis-Joseph

n.

32. MASUREL, Louis-Joseph, fils de Jacques-Toussaint (27) et de Marie Masurel, décédé à Tourcoing en 1749 à l'âge de 10 ans.

Masurel

Marie-Catherine-Joseph

n.

33. MASUREL, Marie-Catherine-Joseph, fille de Jacques-Toussaint (27) et de Marie-Jeanne Masurel, décédée à Tourcoing à l'âge de 14 ans en 1754.

Masurel-Lefebvre

Jean-Baptiste

m.

34. MASUREL, Jean-Baptiste, deuxième fils des époux Gilles Masurel-Delobel (26), épousa à Tourcoing, le 28 septembre 1727, Marguerite-Jeanne LEFEBVRE, fille de Louis et de Marie Delmasure (celle-ci était fille de premières noces de Marguerite Yon, avec Noël Delmasure, laquelle épousa en deuxièmes noces Laurent Masurel, marchand tailleur à Tourcoing, fils de Philippe); le contrat de mariage des époux Masurel-Lefebvre, reçu par M⁰ Lambaere, notaire à Tourcoing, le 27 septembre, 1727, constate que l'apport du futur s'élevait à 1.200 livres parisis, et celui de la future à 720 florins de banque de Hollande. Jean-Baptiste Masurel-Lefebvre fut un mauvais sujet, et l'on voit dans plus de quarante actes notariés dressés à Tourcoing, de 1728 à 1736, qu'il vendit pour payer des dettes, sa part du manoir du Bleu-Chatel à son frère, Jacques-Toussaint Masurel (26); la part de sa femme dans la succession

du sieur Jacques Masurel, vivant Pasteur de Leers; puis ses meubles; puis les droits de sa femme dans une maison aboutissant à la rue qui conduit de la Place aux Récollets, tenue de la seigneurie des Poutrains; ses droits dans les propriétés de Comines venant de ses parents; 250 verges au Bleu-Châtel, tenant de levant au pavé de Tourcoing à Lille et de bise à la voie de Tourcoing au Clinquet, sur laquelle propriété son frère Jacques-Toussaint exerça le privilège de proximité lignager; qu'il reconnut une fille naturelle de sa femme et lui fit don de 3000 livres parisis pour après sa mort à cause de l'amour et affection qu'il lui portait: qu'il souscrivit une quantité d'obligations à des cabaretiers dont l'un l'avait fait arrêter par le sergeant de Tourcoing; qu'il s'engagea comme dragon au régiment d'Arcourt, dans la compagnie de M. de Labercye, revint à Tourcoing, recommença ses frasques et finit par retourner à Caen où se trouvait son régiment; il y mourut en 1737. On ne lui connaît pas d'autres fils que :

35. MASUREL, Jean-Baptiste (n.), décédé à Tourcoing en 1792 à 56 ans.

Masurel

1.

Pétronille

36. Le cinquième enfant de Toussaint Masurel-Deroubaix (22) fut : MASUREL, Pétronille.

Delmotte-Masurel

1.

Françoise

37. La sixième, MASUREL, Françoise, qui épousa Pierre Delmotte et mourut avant lui laissant des enfants dont on n'a pas retrouvé les noms.

Masurel–Delplanque

1.

Pierre - Pasquier

38. Le septième, MASUREL, Pierre-Pasquier, qui épousa Jeanne Delplanque le 1er juillet 1688 et dont les six enfants sont :

39. MASUREL, Charles (m.), décédé peigneur en 1741.

40. MASUREL, Guillaume (m.), mort en 1739.

41. MASUREL, Marie-Anne (m.), décédé à 66 ans en 1765, veuve d'Étienne Honoré.

42. MASUREL, Marie-Thérèse (m.), morte en 1742.

43. MASUREL, Marguerite-Jeanne (m.), décédée en 1744 veuve de Georges-François Duriez.

44. MASUREL, (m.), qui épousa le 3 juin 1730 Deleplanque, fille de Jean et de Marie Bonvain.

Masurel–Glorieux

1.

Toussaint

45. Le huitième enfant de Toussaint Masurel - Deroubaix (22) fut : MASUREL, Toussaint époux d'Anne Glorieux ; il eut deux enfants :

46. MASUREL, Anne-Françoise (m.) décédée rentière à Tourcoing en 1759, à l'âge de 58 ans.

47. MASUREL, Marie - Anne (m.), qui épousa Robert Motte et mourut marchande à Tourcoing en 1754 à 53 ans.

Masurel–Desrousseaux

k.

Pasquier

48. Le onzième enfant de Pasquier Masureau De le Tombe fut : MASUREL-DESROUSSEAUX, Pasquier.

(Voir sa postérité nos 49 et suivants).

MASUREL-DESROUSSEAUX

PASQUIER

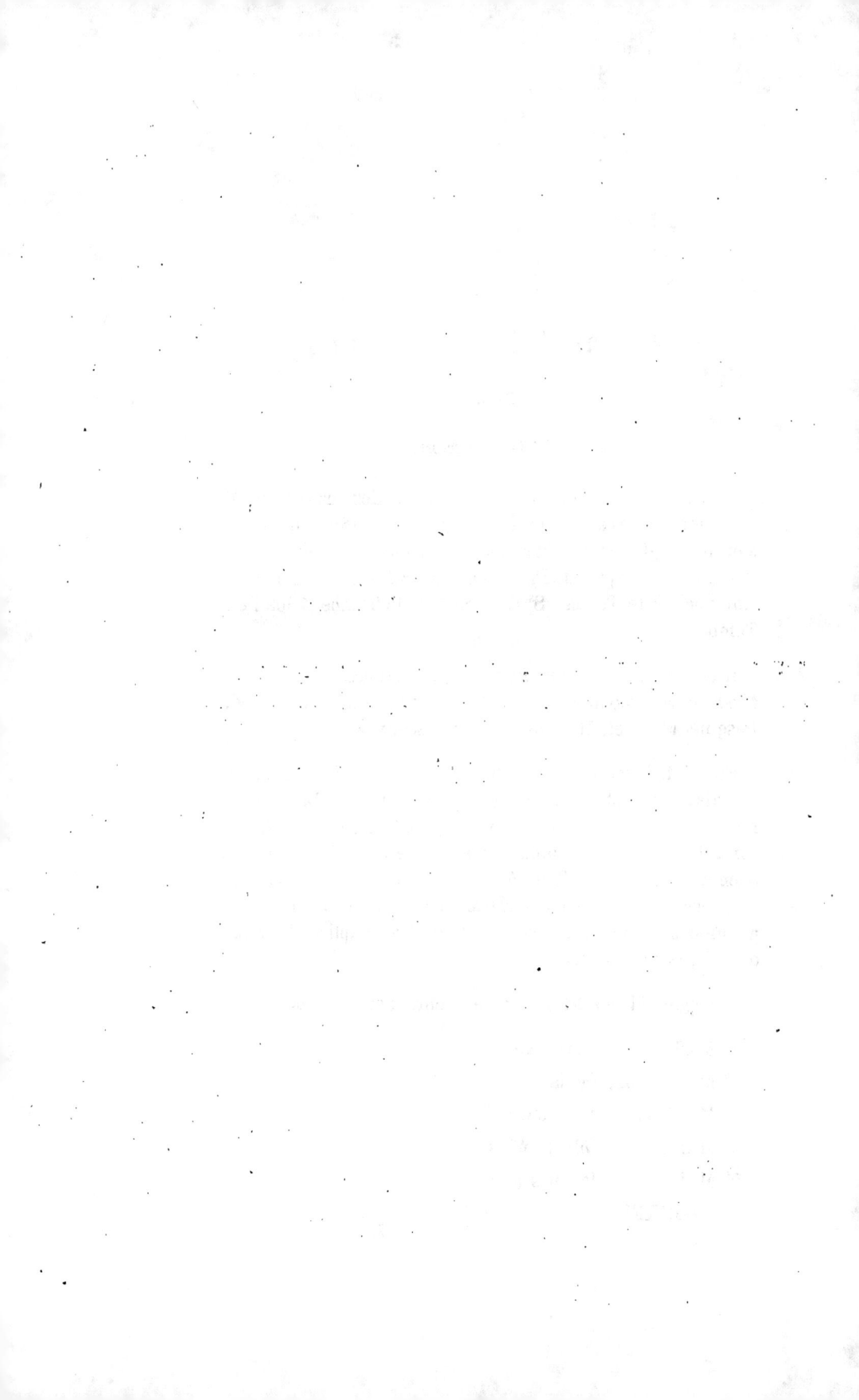

Masurel-Desrousseaux

Pasquier

(3ᵉ Génération)

48. MASUREL, Pasquier, le plus jeune des onze enfants de Pasquier Masureau-De le Tombe (10), est inscrit ainsi qu'il suit aux registres des baptêmes de Saint-Christophe : « 1637 februar. 11, Bapt.fuit Paschalis Masurel filius Paschalij et Antoniæ De le Tombe, Sˢ Olivarius De le Tombe et Joã De le Tombe. »

Il épousa à Tourcoing Marguerite Desrousseaux : 26 may 1660, matrimonio iuncti sunt test. Judoco Destombes et Custod.: Pasquier Masurel, Marguerite Desrousseaux. »

En 1714, le 24 juillet, il assistait au contrat de mariage de son fils Jean-Baptiste (54) ; en 1722 le même Jean-Baptiste, au nom de son père infirme, accorde en bail à Georges De le Masure, fils de feu Oste, un manoir et 600 verges à Tourcoing, au chemin du Pont des Piats à la Croix-Rouge ; en 1729, dans un procès-verbal de vente d'arbres sur un jardin à Tourcoing, au Flocon, dressé à la requête dudit Jean-Baptiste Masurel, on indique que Pasquier était mort.

Les époux Masurel-Desrousseaux eurent six enfants :

1° MASUREL, Marie (49).

2° MASUREL, Denis (50).

3° MASUREL, Marguerite (51).

4° MASUREL, Gilles (52).

5° MASUREL, Jacques (53).

6° MASUREL, Jean-Baptiste (54).

Masurel

1.

Marie

49. MASUREL, Marie, fille de Pasquier (48) et de Marguerite Desrousseaux, baptisée à Saint - Christophe le 20 mars 1661. Parrain : Pasquier Masurel ; marraine : Marguerite Desrousseaux.

Masurel

1.

Denis

50. MASUREL, Denis, fils de Pasquier (48) et de Marguerite Desroussoaux, baptisé à Saint - Christophe, le 7 janvier 1663. Parrain : Denis Desrousseaux ; marraine : Antoinette Deletombe.

Masurel

1.

Marguerite

51. MASUREL, Marguerite, fille de Pasquier (48) et de Marguerite Desrousseaux, baptisée à Saint - Christophe, le 21 mai 1665. Parrain : Toussaint Masurel ; marraine : Marguerite Desrousseaux.

Marguerite Masurel assista au contrat de mariage de son frère Jean-Baptiste (54).

Masurel

1.

Gilles

52. MASUREL, Gilles, fils de Pasquier (48) et de Marguerite Desrousseaux, baptisé à Saint-Christophe, le 9 juin 1669. Parrain: Gilles Masurel; marraine: Isabelle Desrousseaux.

Masurel

1.

Jacques

53. MASUREL, Jacques, fils de Pasquier (48) et de Marguerite Desrousseaux, baptisé à Saint - Christophe, le 9 juillet 1673. Parrain : Antoine Motte ; marraine : Jeanne Deroubaix.

MASUREL-DELOBEL

Jean-Baptiste

Masurel-Delobel

Jean - Baptiste

(4ᵉ Génération)

54. MASUREL, Jean-Baptiste, le plus jeune fils des époux Pasquier Masurel-Desrousseaux,(48) est inscrit en ces termes au registre des baptêmes de Saint-Christophe : « 8 Juin 1675, Bapt⁵ fuit Joannes-Baptista Masurel filius Pascalis et Margaretæ Desrousseaux conjugum : Suscept. Dionisius Masurel et Mariæ Noullet. »

Premier mariage : « 1 mai 1712 Coram me infra scripto et testibus Jacobo Deletombe et Joannes Bapt. Lefebvre hac 12 may matr. juncti sunt Joannes Baptista Masurel et Catharina Masurel, Ita testor Patou, vic. »

Il était alors maître peigneur.

Le contrat de mariage des époux Jean - Baptiste Masurel-Masurel a été reçu le 28 avril 1712 par Mᵉ Alexandre Raoult, notaire à Tourcoing, le futur époux, assisté de son père, apportait 600 livres parisis en dot et 216 livres d'économies et la future épouse assistée de son frère, Michel Masurel, apportait 720 livres.

Tous habitaient Tourcoing.

Madame Catherine Masurel mourut peu de temps après son mariage et ne laissa pas d'enfant.

Deuxième mariage : « 30 juillet 1714, Coram me infra scripto et testibus Jacobo Deletombe et Andreas Frys, juncti sunt matrimonio Joannes Baptista Masurel et Maria Joanna Delobel, ita est J.-Bapt. Franchom, vic. »

Le 24 juillet 1714, Mᵉ Claudé-Louis Destombes, notaire à Tourcoing, avait reçu le contrat de mariage des époux Masurel-Delobel.

Jean-Baptiste Masurel, fils de Pasquier, veuf sans enfant de Catherine Masurel, marchand et laboureur à Tourcoing y comparut assisté de son père, de Jacques Masurel, son frère, de Michel Six, son beau-frère, d'Elisabeth et Marguerite Masurel, ses sœurs et il apportait 9.000 livres ; sa femme Marie-Jeanne Delobel, fille de Pierre et de Catherine Six, demeurant à Tourcoing, était assistée de ses père et mère, de Thomas Delobel, son oncle, de Henri Fremaut, de Roncq, son oncle, de Pierre-Thomas et Michel Delobel ses frères, de Pierre Lemesre, Pierre Six et Jean Vandruyelle, ses oncles; elle apportait 1.000 livres de dot.

Il résulte de divers baux reçus par les notaires Philippe Desmadril et Destombes de Tourcoing, de 1722 à 1733 que Jean-Baptiste Masurel-Delobel était propriétaire : 1° d'une maison et 600 verges à Tourcoing, chemin des Piats ; 2° d'une maison et 875 verges dans la ruelle qui va du Touqueiguey au Moulin Fagot, louée 13 livres de gros de Flandre de 6 florins chaque ; 3° d'un manoir et 500 verges à Roubaix ; 4° d'un pré au Floquon; 5° d'un manoir et un bonnier cinq cents verges à Roncq, loués 180 livres ; 6° d'un manoir et deux bonniers et demi à Tourcoing tenus des seigneuries de Tourcoing, d'Espadaux et de Bourgoigne.

Il dicta son testament à M° Destombes, notaire à Tourcoing, le 12 avril 1731.

Il était marchand peigneur et cultivateur à Tourcoing et mourut avant le mariage de son fils Jean-Baptiste Masurel-Houzet (213).

Sa femme lui survécut et mourut vers 1762.

Après sa mort et suivant acte reçu par M° Jacques-André Lambaere, notaire à Tourcoing le 23 mai 1762, Jean-Baptiste Masurel, (213) ; Anne-Catherine-Joseph Masurel, (61); Jean-Baptiste Bonenfant et Marie-Anne Masurel sa femme, (56) ; Jean-François Haquette, (62) ; ensemble Guillaume-François-Joseph Haquette, son fils, (65); et Jeanne-Agnès Haquette, (68), femme Denys Ghesquière, ses enfants majeurs, tous enfants de

Jean - Baptiste Masurel (54) et de Marie - Jeanne Delobel, procédèrent au partage de leurs biens.

Par ce partage il est échu à Jean-Baptiste Masurel-Houzet, (213) : 1° Un manoir et six cents verges à Roncq, seigneurie de Warenghien près du pavé de Lille à Menin ; 2° Dix cents de labour auprès ; 3° Trois cents de labour auprès ; 4° Le cinquième indivis avec les enfants Pierre Delobel d'un manoir occupé par Jean-François Desrumeaux situé à Tourcoing, seigneurie de Bondues, tenant au chemin qui va de la ferme Duforest à Neuville et à la pied sente qui va du Clinquet à la ferme du Pont à Chel ; 5° Un cinquième indivis de même de huit cents verges au même lieu ; 6° Un cinquième de neuf cent dix verges de pretz et labour au même lieu ; 7° Une choque de maisons à deux demeures et 475 verges à Roubaix tenus en coterie du marquisat dudit lieu tenant à la carrière pavée menant de la ferme du Fontenoy au pavé de ce dernier endroit à Roubaix ; 8° Une maison et 58 verges, rue du Bocquet à Tourcoing ; 9° 945 verges de jardin à Tourcoing, au grand chemin de Tourcoing à Mouscron avec une choque de maisons à trois demeures et 10° 274 livres 9 sous parisis.

Les mêmes enfants Masurel-Delobel procédèrent au partage de la succession mobilière de leur mère, suivant acte reçu par le même notaire le 4 octobre 1763. On partage dans cet acte un actif mobilier net de 1408 livres comprenant en boni 15557 livres dus par Haquette pour priseries des fers, labours, semences, sèves, rejets, fumures, graisses, bleds, meubles, lits, chandrelas (non compris l'étain partagé), ensemble des laines, filets et sayettes, échauderies et autres objets relatifs au commerce de la défunte et en mali 7172 livres dues à Haquette ; 3.000 livres dues à Anne-Catherine Masurel.

Les époux Masurel-Delobel eurent 9 enfants :

1° MASUREL, Marie-Catherine (55).

2° MASUREL, Marie-Marguerite (62).

3° MASUREL, Marie-Anne (56).

4° MASUREL, Marie-Agnès (57),

5° MASUREL, Pierre (58).

6° MASUREL, Madeleine (59).

7° MASUREL, Jean-Baptiste (213).

8° MASUREL, Philippe 60.

9° MASUREL, Anne-Catherine-Joseph (61).

Masurel

m.

Marie-Catherine

55. MASUREL, Marie-Catherine, fille de Jean-Baptiste Masurel (54) et de Marie-Jeanne Delobel, baptisée à Tourcoing, à Saint-Christophe, le 31 janvier 1716.

Bonenfant-Masurel

m.

Marie-Anne

56. MASUREL, Marie-Anne, fille de Jean-Baptiste Masurel (54) et de Marie-Jeanne Delobel, baptisée à Saint-Christophe, le 6 décembre 1717 ; épousa Jean-Baptiste Bonenfant, marchand et laboureur à Mouvaux, qui figure dans une vente à Jean-Baptiste Lefebvre, bailly de Wattrelos, négociant à Tourcoing, de 300 verges à Tourcoing, reçu par Me Lambaere, le 2 septembre 1762, et comparaît aussi dans le contrat de mariage de Masurel-Houzet, son beau-frère (213).

Masurel

m.

Marie-Agnès

57. MASUREL, Marie-Agnès, fille de Jean-Baptiste Masurel (54) et de Marie-Jeanne Delobel, décédée à Tourcoing, en 1760, à l'âge de 42 ans.

Masurel

m.

Pierre

58. MASUREL, Pierre, fils de Jean-Baptiste Masurel (54) et de Marie-Jeanne Delobel, baptisé à Saint-Christophe, le 29 janvier 1720.

Masurel

m.

Madeleine

59. MASUREL, Madeleine, fille de Jean-Baptiste Masurel (54) et de Marie-Jeanne Delobel, baptisée à Saint-Christophe, le 5 juillet 1722.

Masurel

m.

Philippe

60. MASUREL, Philippe, fils de Jean-Baptiste Masurel (54) et de Marie-Jeanne Delobel, baptisé à Saint-Christophe, le 11 mai 1727.

Masurel

m.

Anne-Catherine-Joseph

61. MASUREL, Anne-Catherine-Joseph, fille de Jean-Baptiste Masurel (54) et de Marie-Jeanne Delobel, marchande à Tourcoing, décédée à Tourcoing en 1765 à 30 ans, et dont la succession est liquidée par actes devant Me Jacques-André Lambaere, du 1er septembre 1766 et Jean-Baptiste Nollet du 5 novembre 1771. Elle possédait notamment une ferme et 2 bonniers 800 verges à Tourcoing.

Famille HAQUETTE

Haquette-Masurel

Marie-Marguerite

(5ᵉ Génération)

62. Le deuxième enfant de Jean-Baptiste Masurel (54) et de Marie-Jeanne Delobel était Marie-Marguerite MASUREL, baptisée à Saint-Christophe le 31 janvier 1717. Parrain : Pierre Delobel ; marraine : Marguerite Masurel.

Marie-Marguerite Masurel épousa Jean-François HAQUETTE.

Elle mourut, marchande à Tourcoing, le 3 janvier 1762, à l'âge de 48 ans et fut inhumée dans l'église en présence de son mari et de son frère Jean-Baptiste Masurel.

Les époux Haquette-Masurel eurent sept enfants :

1º HAQUETTE , Louis-Joseph (63).

2º HAQUETTE , Aimée-Catherine (64).

3º HAQUETTE , Guillaume (65).

4º HAQUETTE , Pierre-François (66).

5º HAQUETTE , Jean-Baptiste (67).

6º HAQUETTE , Jeanne-Agnès (68).

7º HAQUETTE , Charles-Augustin-Joseph (69).

Haquette

Louis-Joseph

63. HAQUETTE , Louis-Joseph, fils de Marie-Marguerite Masurel (62) et de Jean-François Haquette, décédé célibataire à Tourcoing, le 28 février 1805.

Haquette

n.

Aimée - Catherine

64. HAQUETTE, Aimée-Catherine, fille de Marie-Marguerite Masurel (62) et de Jean - François Haquette, décédée célibataire à Tourcoing, le 22 septembre 1815.

Haquette

n.

Guillaume

65. HAQUETTE, Guillaume, fils de Marie - Marguerite Masurel (62) et de Jean-François Masurel, décédé célibataire à Tourcoing le 7 mai 1820.

Haquette

n.

Pierre - François

66. HAQUETTE, Pierre-François, fils de Marie-Marguerite Masurel (62) et de Jean-François Haquette, décédé célibataire à Tourcoing, le 16 août 1825.

Haquette

n.

Jean - Baptiste

67. HAQUETTE, Jean-Baptiste, fils de Marie-Marguerite Masurel (62) et de Jean-François Haquette, décédé célibataire à Tourcoing, le 12 septembre 1825.

Ghesquier-Haquette

n.

Jeanne - Agnès

68. HAQUETTE, Jeanne-Agnès, fille de Marie-Marguerite Masurel (62) et de Jean-François Haquette, épousa Pierre-Denis GHESQUIER, avec lequel elle habita la ferme Lerouge actuelle, au Fin de la Guerre. Ce Ghesquier était un ardent sans-culotte, chef de district pendant la grande révolution.

Les époux Ghesquier eurent, dit-on, quatorze enfants :

69. Le survivant de tous, Augustin GHESQUIER, (o.) mourut célibataire à Tourcoing vers 1850, après avoir indemnisé les propriétaires dont les biens nationalisés avaient été achetés par son père et avoir légué une forte part de ses biens à des œuvres de bienfaisance.

Haquette-Poissonnier

n.

Charles-Augustin - Joseph

70. HAQUETTE, Charles-Augustin-Joseph, fils de Marie-Marguerite Masurel (62) et de Jean-François Haquette, était cultivateur à Tourcoing à l'Epine dans la ferme Haquette actuelle, au bout de la rue Winoc-Chocqueel prolongée, il épousa Marie-Catherine POISSONNIER et eut huit enfants :

1° HAQUETTE, Louis (71).

2° HAQUETTE, Reine (72).

3° HAQUETTE, Guillaume-Augustin-Joseph (73).

4° HAQUETTE, Christine-Victoire-Joseph (116).

5° HAQUETTE, Françoise-Victoire (153).

6° HAQUETTE, Jean-Baptiste (166).

7° HAQUETTE, Catherine (180).

8° HAQUETTE, Jeanne-Françoise (210).

Haquette

o.

Louis

71. HAQUETTE, Louis, fils de Charles-Augustin-Joseph Haquette (70) et de Marie-Catherine Poissonnier, décédé célibataire, rentier à Tourcoing, à l'Epine.

Haquette

o.

Reine

72. HAQUETTE, Reine, fille des mêmes époux Haquette-Poissonnier, décédée célibataire, rentière à Tourcoing, à l'Epine.

Haquette-Piat

o.

Guillaume-Augustin-Joseph

73. HAQUETTE, Guillaume-Augustin-Joseph, épicier et marchand de laines à Tourcoing, fils de Charles-Augustin-Joseph Haquette et de Marie-Catherine Poissonnier (70), épousa PIAT, dont il eut trois enfants :

1° HAQUETTE, Charles (74).

2° HAQUETTE, Catherine (75).

3° HAQUETTE, Justine-Amélie (87).

Haquette

p.

Charles

74. HAQUETTE, Charles, fils de Guillaume-Augustin-Joseph Haquette-Piat (73), décédé célibataire à 22 ans.

Duvillier—Haquette

Catherine

p.

75. HAQUETTE, Catherine, fille de Guillaume-Augustin-Joseph Haquette-Piat (73), épouse de François DUVILLIER, décédé filateur à Tourcoing, rue du Château, frère de M. Duvillier-Delattre.

Eut trois enfants de son mariage :

76. DUVILLIER, Jules, (q.), directeur de fabrique à Roubaix, âgé de 73 ans, demeurant à Tourcoing, rue du Château 76, époux de Julie-Clémence DUQUESNE, six enfants:

a. DUVILLIER, Jules - Honoré - François (r. 77), né à Tourcoing, le 24 septembre 1867, employé chez M. Lefebvre, marchand de vins.

b. DUVILLIER, Mathilde - Julie, (r. 78), née le 24 septembre 1870.

c. DUVILLIER, Hélène-Camille, (r. 79), née le 12 août 1873.

d. DUVILLIER, Jean-Joseph, (r. 80) ;

e. DUVILLIER, Louis-Joseph, (r. 81) ;
jumeaux, nés le 18 janvier 1879.

f. DUVILLIER, Madeleine-Marie-Mathilde, (r. 82), née le 12 mai 1887,

Tous célibataires, demeurant à Tourcoing, rue du Château, 76, avec leurs parents.

83. DUVILLIER, Céline-Aimée-Élisa (q.), rentière à Tourcoing, rue Sainte-Barbe, 5, veuve de Jean-Baptiste CARETTE, décédé à Tourcoing le 30 août 1889. Elle a deux enfants :

CARETTE, Victor-Gustave (r. 84), célibataire, employé de commerce demeurant à Paris, né à Tourcoing, en mai 1856.

Et CARETTE, Jeanne (r. 85), célibataire à Tourcoing, demeurant avec sa mère, née en octobre 1861, employée à Halluin dans une fabrique de chomolithographies.

86. DUVILLIER, Gustave (q.), célibataire, âgé de 57 ans, employé à Paris à la pharmacie de M. Desurmont-Petit.

Dhalluin—Haquette

p.

Justine-Amélie

87. HAQUETTE, Justine-Amélie, fille de Guillaume-Augustin-Joseph Haquette-Piat (73), épousa Pierre DHALLUIN, marchand d'étoffes à Tourcoing, rue de la Cloche (frère de Jean-François Dhalluin-Jovenelle, marchand de nouveautés au coin de la rue de Tournai et de la rue de la Cloche).

Ils eurent huit enfants :

88. DHALLUIN, Charles (q.), mort à deux mois.

89. DHALLUIN, Marie (q.), décédée à huit ans et demi.

90. DHALLUIN, Clara - Justine - Marie - Joseph, née à Tourcoing, le 24 mai 1840, épouse de Henri-Jean-Baptiste DASSONVILLE, fabricant à Roubaix, rue de la Fosse-aux-Chênes n° 43, né à Tourcoing, le 4 juillet 1836, du mariage de Henri Dassonville et de Julie Strat. Onze enfants :

1° DASSONVILLE, Claire-Marie-Joseph (r. 91), née à Roubaix, le 23 mars 1866, mariée le 2 mai 1896 à Pierre Corset, syndic à Lille, rue de la Barre, 61. Les époux Corset ont un enfant :

CORSET, Pierre (s. 92), né à Lille, le 17 janvier 1897.

2° DASSONVILLE, Henri - Jean - Baptiste - Joseph (r. 93), né à Roubaix, le 21 septembre 1868, décédé à Roubaix, le 2 avril 1871.

3° DASSONVILLE, Marguerite-Marie (r. 94), née à Roubaix, le 31 juillet 1869.

4° DASSONVILLE, Jean - Désiré - Joseph (r. 95), né à Roubaix, le 31 mai 1871.

5° DASSONVILLE, Louise-Pauline-Marie-Joseph (r. 96), née à Roubaix, le 7 mars 1873.

6° DASSONVILLE, Jeanne-Henriette-Marie-Joseph (r.97), née à Roubaix le 4 décembre 1874, décédée le 10 septembre 1875.

7° DASSONVILLE, Albert-Gustave-Joseph (r. 98), né à Roubaix, le 20 mars 1876.

8° DASSONVILLE, Henri-Jules-Denis-Joseph (r. 99), né à Roubaix, le 27 mars 1878.

9° DASSONVILLE, Félix - Henri - Joseph (r. 100), né à Roubaix, le 27 décembre 1880.

10° DASSONVILLE, Marthe-Jeanne-Marie-Joseph (r. 101), née à Roubaix, le 25 août 1882.

Et 11° DASSONVILLE, Jeanne-Pauline-Joseph (r. 102), née à Roubaix, le 5 août 1886 :

103. DHALLUIN, Eugène (q.), décédé à 18 mois.

104. DHALLUIN, Maria (q.), décédée célibataire à 24 ans.

105. DHALLUIN, Charles - Louis - Désiré (q.), rentier à Tourcoing, rue Winoc - Chocquel, 137, époux de Maria HAQUETTE (179). Huit enfants :

1° DHALLUIN, Charles (r. 106), célibataire, âgé de 21 ans.

2° DHALLUIN, Albert (r. 107).

3° DHALLUIN, Marie (r. 108).

4° DHALLUIN, Émile (r. 109).

5° DHALLUIN, Jean (r. 110).

6° DHALLUIN, Paul (r. 111).

7° DHALLUIN, René (r. 112).

8° DHALLUIN, Léon (r. 113).

Tous encore mineurs, célibataires, demeurant avec leur père.

114. DHALLUIN, Honorine (q.), célibataire, majeure, demeurant à Tourcoing, rue de la Cloche n° 72.

115. Et DHALLUIN, Pierre (q.), décédé à quatre mois.

Desplanque–Haquette

o.

Christine - Victoire - Joseph

116. HAQUETTE, Christine - Victoire - Joseph, fille de Augustin - Joseph Haquette (70) et de Marie - Catherine Poissonnier, épousa Jean - Baptiste - Joseph DESPLANQUE, marchand de laines à Tourcoing.

Un enfant :

DESPLANQUES, Louise-Victoire-Joseph (117).

Lorthiois–Desplanque

p.

Louise - Victoire - Joseph

117. DESPLANQUE, Louise-Victoire-Joseph, fille des dits époux Desplanque-Haquette (116), née à Tourcoing, rue de Lille 60, le 14 juillet 1808, décédée dans la même maison, le 7 septembre 1881, épousa le 25 juin 1834, Lucien-Joseph LORTHIOIS, né à Tourcoing le 11 mai 1807, négociant, décoré de l'Ordre de St - Grégoire - le - Grand, décédé le août 1887.

Lucien - Joseph Lorthiois était fils de Louis - Léon - Joseph Lorthiois, né à Mouvaux, le 10 avril 1766, décédé à Tourcoing, rue des Anges, le 15 mai 1810, marié à Tourcoing, le 5 mai 1789 avec Scholastique-Joseph Duquesnoy, née à Tourcoing, le 19 mai 1763, décédée à Tourcoing le 3 septembre 1856; laissant 8 enfants : 1° Sophie-Thérèse-Joseph Lorthiois, femme Pierre-Jacques Cottignies ; 2° François - Joseph Lorthiois - Tribou ; 3° Floris - Ambroise Lorthiois Vandooren ; 4° Colette - Ursule-Joseph Lorthiois. 5° Charlotte - Cisercule Lorthiois, femme Auguste-Joseph Leroux ; 6° Louise-Justine Lorthiois, femme Pierre-Antoine Dutilleul ; 7° Adolphe-Louis-Cyrille Lorthiois-Vuylsteke.

Les époux Lorthiois-Desplanques eurent neuf enfants :

1° LORTHIOIS, Lucien-François-Joseph (118).

2° LORTHIOIS, Edmond-Jules (119).

3° LORTHIOIS, Euphrasie-Marie-Joseph (127).

4° LORTHIOIS, Léon-Victor (128).

5° LORTHIOIS, Henri-Louis-Joseph (136).

6° LORTHIOIS, Emile-Marie (138).

7° LORTHIOIS, Honorine-Marie-Thérése (139)..

8° LORTHIOIS, Eugène-Joseph (146).

9° LORTHIOIS, Sidonie-Marie (147).

Lorthiois

q.

Lucien-François-Joseph

118. LORTHIOIS, Lucien-François-Joseph né à Tourcoing le 8 mars 1836, du mariage des époux Lorthiois-Desplanques (117), y décédé le 24 janvier 1842.

Lorthiois—Tilloy

q.

Edmond-Jules

119. LORTHIOIS, Edmond - Jules, né à Tourcoing, le 2 novembre 1837, fils de Lucien-Joseph Lorthiois et de Louise-Victoire-Joseph Desplanque (117), décédé à Saint-Omer, le 23 août 1876, marié à Saint-Omer, le 18 juin 1866, avec Adélaïde-Victorine-Joseph TILLOY, née à Saint-Omer, le 10 mars 1846. Les époux LORTHIOIS - TILLOY, eurent 6 enfants :

120. LORTHIOIS, Edmond-Robert (r.), né à Tourcoing le 12 mai 1867, y décédé le 10 novembre 1867.

121. LORTHIOIS, Marie - Antoinette - Louise (r.), née à Tourcoing, le 10 avril 1868, sœur de Saint-Vincent-de-Paul à Armentières, sous le nom de sœur Louise.

122. LORTHIOIS, Marie-Emile-Léon-Joseph (r.), étudiant en droit.

123. LORTHIOIS, Marie-Berthe-Joseph (r.), née à Tourcoing, le 5 juillet 1870, mariée à Saint-Omer, le 14 avril 1896, avec Albert-Henri-Séraphin, CUISSET, docteur en médecine à Tourcoing, né à Quiévrechain (Nord), le 17 juin 1864, qui ont un enfant:

CUISSET, Pierre (s. 124), né à Tourcoing, le 7 novembre 1897.

125. LORTHIOIS, Marie-Edouard-Henri-Joseph, (r.). né à Tourcoing, le 29 juillet 1872.

126. LORTHIOIS, Marie-Michel-Edmond-Joseph (r.), né à Tourcoing, le 5 mars 1875.

Lorthiois

q.

Euphrasie-Marie-Joseph

127. LORTHIOIS, Euphrasie - Marie - Joseph, fille de Lucien - Joseph Lorthiois et de Louise - Victoire - Joseph Desplanques (117). née à Tourcoing, le 7 décembre 1838, y décédée le 16 septembre 1842.

Lorthiois-Delfosse

q.

Léon-Victor

128. LORTHIOIS, Léon - Victor, fils de Lucien - Joseph Lorthiois et de Louise-Victoire-Joseph Desplanques (117), filateur à Tourcoing, né à Tourcoing, le 9 décembre 1839, décédé à Tourcoing, le 19 février 1891, marié à Roubaix, le

8 août 1870, avec Pauline-Jeanne-Marie-Joseph DELFOSSE, née à Roubaix, le 13 novembre 1848, décédée à Tourcoing, le 13 février 1897.

Les époux LORTHIOÏS - DELFOSSE ont laissé 2 enfants :

129. LORTHIOIS, Pauline-Lucienne-Joseph (r.), née à Tourcoing, le 16 février 1872, mariée à Tourcoing, le 26 novembre 1892, avec Albert-Auguste-Joseph PARENT, né à Lannoy, le 5 décembre 1848, veuf d'Isabelle DELFOSSE ; trois enfants :

130. PARENT, Emmanuel (s.), né et décédé à Lannoy, le 30 décembre 1893.

131. PARENT, Isabelle-Germaine (s.), née à Lannoy, le 22 mars 1895.

132. PARENT, (s.) né à Lannoy, en 1898.

133. LORTHIOIS, Isabelle-Reine-Louise (r.), née à Tourcoing, le 7 janvier 1874, mariée à Tourcoing, le 25 août 1894, avec Emile CUISINIER, négociant en vins à Lille, né à Roncq ; deux enfants :

CUISINIER, Pauline-Marguerite-Louise (s. 134), née à Lille, Saint-Maurice, le 21 juin 1895.

CUISINIER, Emile (s. 135), né à Lille, rue Saint-Gabriel, le 6 février 1897.

Lorthiois-Desurmont

q.

Henri-Louis-Joseph

136. LORTHIOIS, Henri-Louis-Joseph, fils de Lucien-Joseph Lorthiois et de Louise-Victoire Desplanques (117), ancien filateur de coton, rentier à Tourcoing, rue St-Jacques, né à Tourcoing, le 5 juillet 1842, décédé le 5 avril 1898, marié le 27 mai 1873, avec Hermance-Marie-Joseph DESURMONT, née à Tourcoing, le 16 juin 1847, y décédée le 15 juin 1882 : un enfant :

137. LORTHIOIS, Désirée (r.), née à Tourcoing, le 16 novembre 1875, décédée le même jour.

Madame Lorthiois - Desurmont était fille de Gaspard Desurmont et d'Eugénie Motte.

Lorthiois

q.

Emile-Marie

138. LORTHIOIS, Emile-Marie, fils de Lucien - Joseph Lorthiois et de Louise-Victoire-Joseph Desplanques (117), né à Tourcoing, le 20 août 1843, y décédé le 28 mai 1853.

Gennevoise-Lorthiois

q.

Honorine-Marie-Thérèse

139. LORTHIOIS, Honorine - Marie - Thérèse, fille de Lucien - Joseph Lorthiois et de Louise - Victoire - Joseph Desplanques (117), née à Tourcoing, le 15 octobre 1844, décédée à Lille, le 5 juin 1884, mariée le 25 août 1868, avec Edmond - Thomas - François - Joseph GENNEVOISE, ancien notaire à Lille, ([1]) né le 20 décembre 1857 ; cinq enfants :

GENNEVOISE, Joseph-Lucien-Louis-Edmond (r. 140), né à Lille, le 18 septembre 1870, licencié en droit, propriétaire rentier à Raismes (Vicoigne), château du Pont du Roy, route de St-Amand.

GENNEVOISE, Joseph-Lucien - François - Edmond, (r. 141), né à Lille, le 18 septembre 1869, décédé à Lille, le 17 novembre 1869.

(1) C'est à l'obligeance de M. Gennevoise qu'est due la généalogie Lorthiois-Desplanques.

GENNEVOISE, Marie-Louise - Geneviève (r. 142), née à Lille, le 18 novembre 1871, mariée à Lille, le 16 septembre 1893 avec Adolphe-Félix-Armand FIÉVET, propriétaire à Lille, place de Tourcoing, né à Lille, le 1er avril 1867, dont elle a un enfant:

FIÉVET, Edmond-Joseph-Henri-Antoine (s. 143), né à Lille, boulevard Bigo-Danel, 18, le 8 février 1895.

GENNEVOISE, Edmond-Noël-Henri-Sidoine-Joseph, (s. 144), né à Lille le 25 décembre 1873, prêtre à la procure de Saint-Sulpice à Rome, villa della Quatre fontana n° 113.

GENNEVOISE, Blanche - Joseph (r. 145), née à Lille, le 20 février 1875, décédée le même jour.

Lorthiois

q.

Eugène-Joseph

146. LORTHIOIS, Eugène-Joseph, fils de Lucien-Joseph Lorthiois et de Louise-Victoire-Joseph Desplanques (117), né à Tourcoing, le 9 avril 1846, y décédé le 4 mai 1847.

Delcour—Lorthiois

q.

Sidonie-Marie

147. LORTHIOIS, Sidonie-Marie, fille de Lucien-Joseph Lorthiois et de Louise-Victoire-Joseph Desplanques (117), née à Tourcoing, le 23 novembre 1850, mariée à Tourcoing le 18 août 1875 avec Edmond-Jules-Joséph DELCOUR, brasseur, à Roubaix, né à Roubaix le 27 février 1848. Cinq enfants :

DELCOURT, Madeleine-Louise-Marie (r. 148), née à Roubaix, le 2 juin 1876, mariée le 15 juillet 1899 avec M. Louis Lemaire.

DELCOURT, Louise-Rose-Marie (r. 149), née à Roubaix, le 18 juillet 1877.

DELCOURT, Paul-Émile-Joseph (r. 150), né à Roubaix, le 26 mai 1879.

DELCOURT, Léon-Jules-Joseph (r. 151), né à Roubaix, le 27 février 1883.

Et DELCOURT, Sidonie - Eugénie - Maria (r. 152), née à Roubaix, le 31 décembre 1889.

Lerouge-Haquette

O.

Françoise - Victoire

153. HAQUETTE, Françoise - Victoire, fille de Charles-Augustin - Joseph Haquette (70) et de Marie - Catherine Poissonnier, qui épousa Jean-François LEROUGE, décédé en 1839 à 48 ans, fermier à la ferme Lerouge au Fin de la Guerre, où il a succédé à Augustin Ghesquière.

De ce mariage naquirent quatre enfants.

154. LEROUGE, Jean-François-Joseph (p.), né à Tourcoing, le 25 août 1825.

155. LEROUGE, Louis-Joseph (p.), né à Tourcoing, en mai 1829.

156. LEROUGE, Augustine-Angélique-Joseph (p.), née à Tourcoing, le 1er décembre 1833.

Tous trois célibataires demeurant à Tourcoing, au Fin de la Guerre, à la ferme Lerouge.

157. LEROUGE, Joséphine-Louise (p.), née à Tourcoing le 17 juin 1832, mariée le 26 septembre 1855 avec Jean - Baptiste SIX, décédé boulanger à Tourcoing, à la Marlière, contre la Chapelle, le 30 juillet 1893.

Ils eurent huit enfants :

158. SIX, Jean-Baptiste (q.), célibataire, né le 3 août 1856.

159. SIX, Sidonie (q.), née en avril 1858, femme d'Émile-Désiré Haquette. (174).

160. SIX, Léonie (q.), célibataire, née le 16 mai 1860.

161. SIX, Maria (q.), religieuse de l'Enfant-Jésus, sous le nom de sœur de Jésus, demeurant à Armentières.

162. SIX, Joséphine (q.), célibataire, née le 15 août 1867.

163. SIX, Adèle (q.), née le 20 juillet 1870, mariée le 23 mars 1895, avec Alphonse LECOMTE, boulanger à Tourcoing, rue Turgot, sans enfant.

164. SIX, Héléna (q.), née le 10 septembre 1872, mariée le 3 novembre 1896 avec Clotaire Brasseur, vérificateur des douanes à Halluin.

165. Et SIX, Aline (q.), célibataire, née le 30 juillet 1876.

Haquette-Destombes

o.

Jean - Baptiste

166. HAQUETTE, Jean-Baptiste, cultivateur à Tourcoing, à l'Épine, au bout de la rue Winoc-Chocquel prolongée, fils de Charles - Augustin - Joseph Haquette (70) et de Marie - Catherine Poissonnier, épousa Catherine DESTOMBES.

De ce mariage sont nés quatre enfants :

167. HAQUETTE, Charles-Émile-Désiré (p.), célibataire, rentier à Tourcoing, rue de l'Amidonnerie, décédé accidentellement à Anvers, le 15 septembre 1896.

168. HAQUETTE, Jean-Baptiste-Joseph (p.), cultivateur à Neuville-en-Ferrain, époux D'HOLLEBECQ.

Cinq enfants :

HAQUETTE, Jean-Baptiste (q. 169).

HAQUETTE, Marie (q. 170).

HAQUETTE, Sidonie (q. 171).

HAQUETTE Madeleine (q. 172).

HAQUETTE, Jeanne (q. 173).

4

174. HAQUETTE, Emile-Denis (p.), cultivateur à Tourcoing, à l'Epine, dans la ferme de ses parents, marié le 28 octobre 1886, à Sidonie Six (159).

Quatre enfants :

HAQUETTE, Emile (q. 175), né le 30 août 1885.

HAQUETTE, Charles (q. 176), né le 3 septembre 1887.

HAQUETTE, Marguerite (q. 177), née le 1er mai 1892.

HAQUETTE, Georges (q. 178), né le 2 janvier 1898.

179. HAQUETTE, Marie-Joseph (p.), épouse de Charles-Louis-Désiré D'HALLUIN (105).

Castel-Haquette

O,

Catherine

180. HAQUETTE, Catherine, fille de Charles-Augustin-Joseph Haquette (70) et de Marie - Catherine Poissonnier; décédée à Tourcoing, le 30 mars 1818, épouse de Jean-Louis-Joseph CASTEL.

De ce mariage sont nés trois enfants :

181. CASTEL, Pierre-Louis (p.), décédé célibataire.

182. CASTEL, Jean-Baptiste-Joseph (p.), cultivateur à Tourcoing au Clinquet, chemin de Neuville, décédé le 3 novembre 1884, à 72 ans, époux de Léocadie-Adèle FLORIN, décédée le 28 juillet 1896 à 76 ans.

Six enfants :

CASTEL, Jean-Baptiste (q. 183), cabaretier à Tourcoing, rue du Brun-Pain, époux de Rosalie MONTAGNE. Pas d'enfant.

CASTEL, Louis (q. 184), décédé soldat à Blois, à 23 ans, le 21 février 1875.

CASTEL, Maria (q. 185), décédée célibataire à Tourcoing, le 7 mai 1889 à 35 ans.

CASTEL, Charles (q. 186), âgé de 42 ans, longtemps employé chez M. Lorthiois-Desplanques, actuellement représentant de commerce, demeurant à Tourcoing, rue du Clinquet, 21, marié le 16 juin 1897 avec Hortense BRIET. Pas d'enfant.

CASTEL, Sidonie (q. 187), épouse de Pierre PIAT, cultivateur à Marcq-en-Barœul au Molinel, dont elle a deux enfants.

PIAT, Sidonie (r. 188), âgée de six ans.

PIAT, Charles (r. 189), âgé de dix-huit mois.

CASTEL, Jules-Joseph (q. 190), cultivateur à Tourcoing au Clinquet dans la ferme de son père, né le 16 août 1861, marié avec Adèle-Marie-Joseph PIAT, née le 22 février 1871 à Roubaix (fille de feu Pierre-Joseph Piat et de Marie-Angélique-Joseph Delobel).

Trois enfants :

CASTEL, Jules-Jean-Baptiste-Joseph (r. 191), né le 7 mai 1893.

CASTEL, Jean-Baptiste-Pierre-Joseph (r. 192), né le 13 décembre 1894.

CASTEL, Charles-Jules-Joseph (r. 193), né le 27 janvier 1887.

194. CASTEL, Pierre-Louis (p.), ancien cultivateur à Linselles, décédé à Tourcoing à l'Epine, époux de Caroline FLORIN.

Trois enfants :

CASTEL, Louis (q. 195), trieur à Tourcoing, Pont des Piats, époux de Marie LEFEBVRE, dont il a un enfant :

CASTEL, Hortense (r. 196), né en septembre 1882.

CASTEL, François (q. 197), cabaretier à Tourcoing au Moulin d'Or, rue du Touquet, à l'Epine, époux de Sophie DESTOMBES.

Trois enfants :

CASTEL, Louis (r. 198), né le 19 juillet 1880.

CASTEL, Jules (r. 199), né en septembre 1884.

CASTEL, Jeanne (r. 200), née en mai 1883.

CASTEL, Maria (q. 201), née à Linselles, le 28 décembre 1849, mariée à Tourcoing, le 26 juillet 1869 avec Clovis LOSFELD, charpentier à Tourcoing, rue du Caire, n° 92, né à Dottignies, le 3 septembre 1843.

Sept enfants :

LOSFELD, Victor-Louis-Joseph (r. 202), marchard de charbon à Tourcoing, rue du Prince, n° 93, né à Tourcoing le 20 octobre 1869, marié le 31 juillet 1895 à Aurélie PARMENTIER, dont il a une fille :

LOSFELD, Marie-Thérèse (s. 203), âgée d'un an.

LOSFELD, Marie-Joseph (r. 206), née à Tourcoing, le 6 juin 1872, décédée le 22.

LOSFELD Hélène-Marie-Louise-Joseph (r. 205), née à Tourcoing, le 3 janvier 1875, morte le 10 mai 1881.

LOSFELD, Marie-Victorine-Joseph (r. 206), née à Tourcoing, le 14 novembre 1876, décédée le 28 janvier 1877.

LOSFELD, Jeanne-Marie-Victorine-Joseph (r. 207), née à Tourcoing, le 29 mai 1880.

LOSFELD, Emile-Jean-Baptiste-Joseph (r. 208), né à Tourcoing, le 30 juillet 1882.

LOSFELD, Albert-Jules-Joseph (r. 209), né à Tourcoing, le 27 décembre 1883.

Oden-Haquette

O.

Jeanne-Agnès-Françoise

210. HAQUETTE, Jeanne-Agnès-Françoise, décédée à Tourcoing, le 23 juin 1819, fille de Charles-Augustin-Joseph Haquette (70) et de Marie-Catherine Poissonnier, épousa Alexandre ODEN, cultivateur à Tourcoing.

De ce mariage sont nés deux enfants :

ODEN, Louis-Augustin-Joseph (p. 211), né vers 1816, décédé frère de la doctrine chrétienne à Saint-Omer.

ODEN, Marie-Zoé-Joséphine (p. 212), née vers 1819, décédée religieuse à Malines.

MASUREL-HOUZET

JEAN—BAPTISTE

Masurel-Houzet

Jean - Baptiste

(5ᵉ Génération)

213. MASUREL, Jean-Baptiste, fils de Jean - Baptiste Masurel (54) et de Marie-Jeanne Delobel, est inscrit comme suit, aux baptêmes de Saint-Christophe : « 1724, septemb. Die 19ᵃ. ejusd. Mensis et anni natus et Baptisatus est Joannes Baptista Masurel filius Joannis Baptista et Mariæ Joannæ Delobel, conjugum, offerentibus Petro Thomā Delobel et Mariæ Elisabeth Six. H. Carette vic. »

Le 11 septembre 1757 il épousa à Roncq, Marie - Joseph Houzé, de Roncq ; l'acte de mariage est indiqué au registre de Saint-Christophe.

Le contrat de mariage des époux Masurel-Houzé a été reçu par Mᵉ Jacques - André Lambaere, notaire à Tourcoing, le 9 septembre 1757 :

Le futur, fils de feu Jean-Baptiste et de vivante Marie-Jeanne Delobel, assisté de Jean-François Haquette, de Tourcoing, et Marie-Marguerite Masurel, sa femme, sa sœur ; Jean-Baptiste Bonenfant, de Mouvaux, et Marie-Anne - Joseph Masurel, sa femme, sa sœur ; a apporté 3.000 livres qui lui ont été constituées par sa mère, qui a stipulé que : « pardessus cela son fils sera habillé proprement pour le jour et solennité de ses noces et qu'à son état appartient et qu'elle voudra en avoir honneur.»

La future, fille de feus Pierre-Joseph et Marguerite-Jeanne Vandamme, de Roncq, assistée de Jean-Baptiste-Joseph Houzet, son frère, Marie - Jeanne Lemesre, veuve Pierre - Joseph Vandamme, sa tante alliée, demeurant à Roncq, et de Pierre-

Joseph Wattel son cousin paternel allié, a apporté : 3.600 livres parisis (pardessus ses habits et linges) que son dit frère lui promet de fournir en deniers clairs et effets communs entre eux et même la juste moitié du surplus s'il s'en trouve, après qu'au préalable il aura prélevé 300 livres sur la totalité, dudit surplus pour l'indemniser d'un habit de mariage et autres choses afin d'être égal à sa dite sœur, sur la part de laquelle se prendront les frais de repas de noces qui se feront chez elle.

Le 3 novembre 1757, les époux Masurel-Houzet cédèrent audit Jean-Baptiste-Joseph Houzet, laboureur à Roncq, les droits de la femme dans l'occupation qu'ils exploitaient auparavant en commun à Roncq.

Le 29 août 1766, dans le partage des époux Delobel-Six, ses grands-parents, reçu par Me Jean-Baptiste Nollet, notaire à Tourcoing, il lui fut attribué la moitié de 950 verges de labour, à Tourcoing, au Clinquet.

Le 5 septembre 1771 il lui fut attribué, dans la liquidation de la succession de sa sœur Anne-Catherine-Joseph (61), 1°: une maison et 15 verges au Touquet Gay, tenant à la ruelle conduisant de la Cloche à Ferret et 554 verges à Tourcoing, seigneurie d'Espadaix, pied sente de Tourcoing à Roncq, plus 77 livres 5 sols.

Il était propriétaire, en outre, d'un manoir et 21 cents à Roncq, seigneurie de Warenghien (bail Nollet 27 mars 1772) loués 108 florins, et d'un cabaret, l'hôtel Saint-Georges, à Tourcoing, rue du Haze, qu'il loue 156 florins devant Me Nollet, le 25 février 1784, à Cornil Prouvost, cabaretier-brasseur à Tourcoing, avec promesse d'y faire un berceau dans le jardin, pour tirer de l'arc ou de l'arbalète.

L'acte de décès de Jean-Baptiste Masurel-Houzet, est ainsi conçu : « Le 11 avril 1793, témoins Jean-Baptiste-Joseph Wagnon, 54 ans, charpentier, et Jean-Louis Deletombe, peigneur, du décès de Jean-Baptiste Masurel, négociant à Tourcoing, 70 ans, fils de feu Jean-Baptiste et de feue Marie-Jeanne Delobel, époux de Marie-Joseph Houzet. »

Les époux Jean-Baptiste Masurel-Houzet eurent neuf enfants :

1° MASUREL, Anne-Catherine-Joseph (220).

2° MASUREL, Jean-Baptiste-Joseph (214).

3° MASUREL, Louis-Joseph (215).

4° MASUREL, Guillaume-François-Joseph (216).

5° MASUREL, François-Joseph (445).

6° MASUREL, Marie-Françoise-Joseph (217.

7° MASUREL, Jean-Baptiste-Joseph (375).

8° MASUREL, Marie-Joseph (218)

9° MASUREL, Louis-Joseph (219).

Masurel

n.

Jean - Baptiste - Joseph

214. MASUREL, Jean - Baptiste - Joseph, fils de Jean-Baptiste Masurel (213) et de Marie-Joseph Houzet, né à Tourcoing, le 26 janvier 1760, baptisé à Saint-Christophe le même jour. Parrain : Jean-François Haquette ; marraine : Marie-Rose-Joseph Loridan, décédé à 9 ans en 1768.

Masurel

n.

Louis - Joseph

215. MASUREL, Louis - Joseph, fils de Jean - Baptiste Masurel (213) et de Marie-Joseph Houzet, baptisé à Saint-Christophe, le 8 juin 1762. Parrain : Jean-Baptiste Bonenfant ; marraine : Catherine-Joseph Masurel, décédé à Tourcoing à 7 jours, le 7 juin même année.

Masurel

n.

Guillaume - François - Joseph

216. MASUREL, Guillaume - François - Joseph, fils de Jean-Baptiste Masurel (213) et de Marie-Joseph Houzet, né à Tourcoing, le 31 décembre 1763, baptisé le lendemain à Saint-Christophe. Parrain : Guillaume - François - Joseph Haquette ; marraine : Marie-Anne-Catherine-Joseph Masurel.

Célibataire, négociant à Tourcoing où il est décédé.

Masurel

n.

Marie - Françoise - Joseph

217. MASUREL, Marie-Françoise-Joseph, fille de Jean-Baptiste Masurel (213) et de Marie-Joseph Houzet, décédée à Tourcoing, le 1ᵉʳ mai 1810, suivant la déclaration de ses frères Guillaume-François-Joseph et Jean-Baptiste Masurel.

Célibataire, marchande à Tourcoing, rue de Lille.

L'acte de décès indique qu'elle est morte à 40 ans et 10 mois, ce qui reporte au 1ᵉʳ juillet 1769. On ne trouve à cette époque qu'au 23 juin 1769, la naissance de Marie-Françoise-Joseph, Masurel, fille de Pierre-Joseph Masurel, cordonnier, et de Marie-Catherine-Joseph Deleporte.

Masurel

n.

Marie - Joseph

218. MASUREL, Marie - Joseph, née à Tourcoing, le 20 novembre 1774, du mariage de Jean-Baptiste Masurel (213) et de Marie-Joseph Houzet.

Décédée marchande à Tourcoing, âgée de 18 ans.

Masurel

n.

Louis - Joseph

219. MASUREL, Louis - Joseph, fils de Jean - Baptiste
Masurel 213) et de Marie-Joseph Houzet, décédé à Tourcoing, le
2 pluviose, an VIII, âgé de 16 ans, négociant. Témoins à l'acte
de décès ses deux frères : François-Joseph Masurel et Jean-
Baptiste Masurel, soldat au 2ᵉ bataillon.

Famille BOYAVAL

Boyaval-Masurel

n.

Anne - Catherine - Joseph

220. MASUREL, Anne-Catherine-Joseph, fille aînée des époux Jean-Baptiste Masurel-Houzet (213), née à Tourcoing, le 25 juillet 1758, décédée le 4 février 1806 à 47 ans et 6 mois, épousa à Tourcoing le 23 mai 1780, Jean-Baptiste-Joseph BOYAVAL, tanneur à Tourcoing, rue des Ursulines, alors âgé de 29 ans, décédé à Tourcoing, le 1er octobre 1817, âgé de soixante-sept ans et deux mois.

Jean-Baptiste-Joseph Boyaval-Masurel était fils de Pierre-Joseph Boyaval et de Marie-Agnès Bonte ; petit-fils de Joseph Boyaval et de Marie-Catherine Catteau. Les Boyaval étaient une famille de tanneurs à Tourcoing.

Pierre Boyaval-Yon, Jean-Baptiste Boyaval-Holbecq, son fils, Guillaume-François Boyaval-Delannoy, son petit-fils, et les enfants de ce dernier exercèrent cette profession à Tourcoing.

Le petit-fils de Boyaval-Delannoy, Pierre-Bigo-Clarisse, transporta ce même commerce à Haubourdin ; son fils Jules Bigo-Butin lui succéda et Pierre Bigo-Marsy son petit-fils, est encore actuellement tanneur à Haubourdin, dans la maison de son aïeul.

On suppose que Boyaval-Masurel était parent de cette famille, mais on n'en a pas retrouvé la preuve.

Les époux Boyaval-Masurel eurent neuf enfants :

1° BOYAVAL, Anne-Catherine-Thérèse (221).

2° BOYAVAL, Marie-Joseph (222).

3° BOYAVAL, Louis-Jean-Baptiste-Joseph (223)..

4° BOYAVAL, Angélique-Augustine-Joseph (224).

5° BOYAVAL, Cécile (225).

6° BOYAVAL, Françoise-Justine (272).

7° BOYAVAL, Rosalie-Louise (312).

8° BOYAVAL, Reine-Victoire (360).

9° BOYAVAL, Julie-Constance (371).

Boyaval

0.

Anne-Catherine-Thérèse

221. BOYAVAL, Anne - Catherine - Thérèse, fille de Jean-Baptiste - Joseph Boyaval et d'Anne - Catherine - Joseph Masurel (220), née à Tourcoing.

Boyaval

0.

Marie-Joseph

222. BOYAVAL, Marie - Joseph, fille de Jean-Baptiste-Joseph Boyaval et d'Anne-Catherine-Joseph Masurel (220), née à Tourcoing en 1799, décédée sans enfant, marchande à Tourcoing, rue du Bocquet, le 20 août 1828, épouse de Charles DEREUSME, fabricant de satinettes à Tourcoing.

Boyaval-Thibaut

0.

Louis-Jean-Baptiste-Joseph

223. BOYAVAL, Louis-Jean-Baptiste-Joseph, fils de Jean-Baptiste - Joseph Boyaval et d'Anne - Catherine - Joseph Masurel (220), né à Tourcoing en 1792, mort à Fleurus, époux sans enfant de Philippine THIBAUT, de cette ville.

Moutardier—Boyaval

o.

Angélique-Augustine-Joseph

224. BOYAVAL, Angélique - Augustine - Joseph, fille de Jean-Baptiste-Joseph Boyaval et d'Anne-Catherine-Joseph Masurel (220), née à Tourcoing en 1784 y décédée sans enfants, le 31 mars 1869, épouse de Benjamin - Louis - Joseph MOUTARDIER, rentier à Tourcoing, ancien percepteur des contributions directes de cette ville.

Faveur–Boyaval

o.

Cécile

225. BOYAVAL, Cécile, née en 1798, fille de Jean-Baptiste -- Joseph Boyaval et d'Anne - Catherine - Joseph Masurel (220), décédée à Tourcoing le 7 juin 1875, veuve de Jean-Baptiste FAVEUR, boulanger à Tourcoing, au Vert Baudet.

Les époux Faveur-Boyaval eurent sept enfants :

1° FAVEUR, Catherine (p. 226).

2° FAVEUR, Sidonie (p. 227).

3° FAVEUR, Edmond-Victor (p. 228), décédé à Tourcoing, le 7 novembre 1870, célibataire.

4° FAVEUR, Caroline (p. 229), rentière à Croix, veuve de Louis LECOUTRE ; elle a laissé deux enfants :

LECOUTRE, Marie (q. 230), célibataire, majeure.

LECOUTRE, Joseph (q. 231), célibataire, rentier à Croix.

5° FAVEUR, Cécile (p. 232), épouse de Florentin LECOUTRE ; elle a eu trois enfants :

LECOUTRE, Jean (q. 233), marié à Boulogne - sur - Seine.

LECOUTRE, Maria (q.234), épouse de Frédéric DELATTRE, employé chez MM. Tiberghien frères, à Francs, demeurant à Tourcoing, rue Philippe-de-Girard.

Ils ont trois enfants :

DELATTRE, Frédéric (r. 235), né en 1883.

DELATTRE, Rose (r. 236).

DELATTRE, Marie (r. 237), née en 1890.

LECOUTRE, Louis (q.238), époux de Florine MONTAGNE.

Ils ont trois enfants :

LECOUTRE, Jean (r. 239), né en 1885.

LECOUTRE, Marie (r. 240), décédée.

LECOUTRE, Rose (r. 241).

6° FAVEUR, Juliette (p. 242), épouse de Désiré FRANÇOIS.

Un enfant :

FRANÇOIS, Palmyre (q. 243), épouse de Jules DUPONT, boucher à Roubaix. Ils ont quatre enfants :

DUPONT, Jules (r. 244) né en 1881.

DUPONT, Jeanne (r. 245).

DUPONT, Marthe (r. 246).

DUPONT, Lucienne (r. 247).

7° FAVEUR, Jean-Baptiste-Louis (p. 248), ancien boulanger, au coin des rues de la Blanche-Porte et du Sentier, ancien conseiller municipal, décédé le 15 juin 1899, rentier à Tourcoing, rue du Sentier, n° 20, veuf de Joséphine-Sophie DELANNOY.

Huit enfants :

1° FAVEUR, Louis (q. 249).

2° FAVEUR, Hippolyte (q. 250), célibataire majeur, marchand boucher à Tourcoing, rue du Halot.

3° FAVEUR, Marie (q. 251), épouse de Jules Fourlignies, boulanger à Roubaix.

Ils ont deux enfants :

FOURLIGNIES, Julie (r. 252), née en 1879.

FOURLIGNIES, Jules (r. 253), né en 1880.

4° FAVEUR, Louis (q. 254), autrefois boulanger, au coin de la Blanche Porte, maintenant représentant en farines, rue Nationale ; époux de Zélie DELMOTTE.

Trois enfants :

FAVEUR, Edmond (r. 255), né en 1884.

FAVEUR, Fernand (r. 256).

FAVEUR, Eugène (r. 257).

5° FAVEUR, Sidonie (q. 258), épouse d'Emile LEMAN, peintre en équipages à Tourcoing, rue de la Blanche-Porte.

Cinq enfants :

LEMAN, Emile (r. 259).

LEMAN, Léon (r. 260).

LEMAN, Thérèse (r. 261), décédée.

LEMAN, Marie-Thérèse (r. 262), décédée.

LEMAN, Suzanne (r. 263).

6° FAVEUR, Adolphine (q. 264), épouse en premières noces de Charles DERVAUX et en secondes noces d'Edouard DELESCLUZE, employé à la mairie de Tourcoing.

Un enfant des premières noces :

DERVAUX, Georges (r. 265), né en 1886.

7° FAVEUR, Joséphine (q. 266), veuve de Félix DELBERGHE.

Un enfant :

DELBERGHE, Maurice (r. 267), né en 1889.

8° FAVEUR, Achille (q. 268), boulanger à Tourcoing, époux de Léonie DELATTRE.

Trois enfants :

FAVEUR, Marie (r. 269), décédée.

FAVEUR, Denise (r. 270).

FAVEUR, Simone (r. 271).

Dereusme–Boyaval

Françoise - Justine

272. BOYAVAL, Françoise-Justine, née en 1786, épouse de Joseph-Valentin DEREUSME, officier de santé à Tourcoing.

Un seul enfant :

DEREUSME, Léocadie-Françoise-Joseph (p. 273), épouse de Jean-François-Joseph LEBLANC.

Les époux Leblanc-Dereusme, eurent 10 enfants :

1° LEBLANC, Marie (q. 274), célibataire, sans profession à Tourcoing.

2° LEBLANC, Louis (q. 275), célibataire, sans profession à Tourcoing.

3° LEBLANC, Augustine (q. 276), religieuse à Washington.

4° LEBLANC, Jules-François (q. 277), fabricant de tissus à Tourcoing, époux de Sophie-Charlotte FLIPO, fille de Louis et de Sophie Ghesquière (n° 317) ; leur contrat de mariage a été reçu par M° Bigo, notaire à Tourcoing, le 4 octobre 1876.

Les époux Leblanc-Flipo ont trois enfants :

LEBLANC, Jules (r. 278), né en 1879.

LEBLANC, Marguerite (r. 279), née en 1882.

LEBLANC, Jean (r. 280), né en 1885.

5° LEBLANC, Paul (q. 281), négociant à Tourcoing, époux de Marie LECLERCQ ; leur contrat de mariage a été reçu par M° Théry, notaire à Tourcoing, le 31 juillet 1883.

Sept enfants :

LEBLANC, Paul (r. 282), né en 1883.

LEBLANC, Jules (r. 283), né en 1886.

LEBLANC, Marie-Paule (r. 284), née en 1888.

LEBLANC, Georges (r. 285), né en 1889.

LEBLANC, René (r. 286), né en 1890.

LEBLANC, Marthe (r. 287), née en 1892.

LEBLANC, Madeleine (r. 288), née en 1894.

6° LEBLANC, Céline (q. 289), épouse de Jean-Baptiste MARGERIN, marchand à Fives-Lille, maintenant à Tourcoing, rue du Tilleul. Leur contrat de mariage a été reçu par M° Théry, notaire à Tourcoing, le 23 octobre 1884.

Sept enfants :

MARGERIN, Marie-Antoinette (r. 290), née en 1883.

MARGERIN, Jeanne (r. 291), née en 1885.

MARGERIN, Henriette (r. 292), née en 1887.

MARGERIN, Jean (r. 293), né en 1889.

MARGERIN, Paul (r. 294), né en 1891.

MARGERIN, Claire (r. 295), née en 1893.

MARGERIN, Pierre (r. 296), né en novembre 1897.

7° LEBLANC, Victor (q. 297), fabricant de tissus à Tourcoing, époux de Pauline BOUCHART, fille d'Achille Bouchart, décédé le 10 septembre 1890, à 53 ans, et de Camille Dassonville. Leur contrat de mariage a été reçu par M° Théry, notaire à Tourcoing, le 27 juillet 1891.

Quatre enfants :

LEBLANC, Victor (r. 298), né en 1892, décédé en 1899.

LEBLANC, Henriette (r. 299), née en 1893.

LEBLANC, Achille (r. 300), né en 1894.

LEBLANC, Pauline (r. 301), née en 1895.

8° LEBLANC, Albert (q. 302), fabricant de tissus à Tourcoing, veuf de Camille BOUCHART, décédée le 21 octobre 1897, à l'âge de 27 ans.

Trois enfants :

LEBLANC, Albert (r. 303), né en 1892.

LEBLANC, Camille (r. 304), né en 1893.

LEBLANC, André (r. 305), né en 1891.

9° LEBLANC, Emile (q. 306), négociant en fourrages à Tourcoing, époux de Marie BOCQUILLON.

Trois enfants :

LEBLANC, Marie-Thérèse (r. 307), née en 1893.

LEBLANC, André (r. 308), né en 1894.

LEBLANC, Georges (r. 309), né en 1897.

10° LEBLANC, César-Louis (q. 310), décédé à Warnêton, où sa veuve Zoé BOEDT, est marchande. Leur contrat de mariage a été reçu par M° Lannoy, notaire à Comines (Belgique).

Un enfant :

LEBLANC, François (r. 311), né en 1881.

Flipo-Boyaval

o.

Rosalie - Louise

312. BOYAVAL, Rosalie-Louise (0.312), née en 1788, décédée à Tourcoing, le 27 janvier 1868, âgée de 70 ans, épouse de Louis-François-Joseph FLIPO, né à Tourcoing en 1789, (fils de Mathias-Honoré-Georges Flipo et de Alexandrine-Joseph Deschamps), décédé marchand de laines à Tourcoing, le 27 avril 1871. Les époux Flipo-Boyaval se sont mariés à Tourcoing, le 8 septembre 1813, leur contrat de mariags a été reçu par M° Defontaine, notaire à Tourcoing, le 4 septembre 1813.

Six enfants :

1° FLIPO, Angélique-Marie-Joseph (p. 313), célibataire, propriétaire à Tourcoing, rue de Lille, où elle est décédée le 15 avril 1884, à l'âge de 66 ans.

2° FLIPO, Catherine (p. 314), religieuse bernardine, sous le nom de Dame Victoire à Cambrai, puis à Esquermes, où elle est décédée le 11 juin 1881.

3° FLIPO, Louis-Edmond (p. 315), né à Tourcoing, le 22 janvier 1817, autrefois négociant en laines à Tourcoing, rue de Lille, maintenant rentier à Deulémont, époux de Sophie-Henriette GHESQUIÈRE.

Deux enfants :

FLIPO, Louis - Auguste (q. 316), ancien huissier à Lille, célibataire rentier à Deulémont, né à Tourcoing, le 7 novembre 1849.

FLIPO, Sophie-Charlotte-Marie (q. 317), née à Tourcoing, le 25 avril 1851, décédée le 27 mai 1896, avait épousé le 10 octobre 1876, Jules-François LEBLANC (q. 277), né à Tourcoing, le 6 avril 1849, fils de Jean-François-Joseph Leblanc et de Léocadie-Françoise-Joseph Dereusme (p. 273). Six enfants : Leblanc, Sophie-Françoise-Nicoire, décédée en 1877 ; Leblanc, Jules-François-Louis-Joseph, né le 7 mars 1879, soldat au 43° de ligne ; Leblanc, Louis-Léon-Marie-Joseph, décédé le 16 août 1881 ; Leblanc, Marguerite-Marie, née le 26 mars 1883 ; Leblanc, Pierre-César-Joseph, décédé le 2 février 1885 ; et Leblanc, Jean-Pierre-Paul-Marie-Joseph, né le 15 juin 1886.

4° FLIPO, Jean-Baptiste-Narcisse (p. 318), né le 28 octobre 1822, négociant en laines à Tourcoing, rue de Lille, y décédé le 20 novembre 1891, veuf de Zélie-Thérèse DUJARDIN, née à Tourcoing, le 3 juillet 1826, décédée aussi à Tourcoing, le 29 mars 1885 ; leur contrat de mariage a été reçu par Mᵉ Hassebroucq, notaire à Tourcoing, le 12 avril 1849.

Sept enfants :

1° FLIPO, Louise (q. 319), célibataire, sans profession, à Tourcoing, née le 17 mars 1850.

2° FLIPO, Charles (q. 320), célibataire, sans profession, à Tourcoing, né le 23 avril 1860, décédé le 17 avril 1897.

3° FLIPO, René (q. 321), sans profession, à Tourcoing, né le 17 novembre 1867.

4° FLIPO, Jean-Louis-Honoré-Joseph, né le 17 avril 1856, (q. 322), décédé à Tourcoing, le 7 mai 1881, époux d'Augustine-Marie-Joseph-Louise DEWITTE, née à Neuville-en-Ferrain, le 3 janvier 1854.

Deux enfants :

FLIPO, Jean-Louis-Auguste-Joseph, (r. 323), né à Tourcoing, le 26 octobre 1879.

FLIPO, Marie-Louise-Augustine-Joseph (r. 324), née le 26 avril 1857.

5° FLIPO, Emile (q. 325), libraire à Roubaix, Grand'Rue, né le 25 août 1857, époux de Marie BROUTIN. Contrat de mariage reçu par Mᵉ Fontaine, notaire à Seclin, le 18 mai 1884.

Quatre enfants :

FLIPO, Emile (r. 326), né en 1885.

FLIPO, Marie-Thérèse (r. 327), née en 1886.

FLIPO, Henri (r. 328), né en 1887.

FLIPO, Marguerite (r. 329), née en 1888.

6° FLIPO, Joseph (q. 330), courtier-juré à Tourcoing, né le 29 décembre 1863, époux de Léonie DUFOUR. Contrat de mariage reçu par Mᵉ Dufour, notaire à Armentières, le 27 janvier 1889.

Six enfants :

FLIPO, Joseph (r. 331), né en 1889.

FLIPO, André (r. 332), né en 1890.

FLIPO, Léonie (r. 333), décédée.

FLIPO, Marie (r. 334), née en 1894.

FLIPO, Albert (r. 335), décédé.

FLIPO, Jeanne (r. 336) née en 1897.

7° FLIPO, Georges (q. 337), commis-négociant à Tourcoing, né le 4 janvier 1866, époux d'Eugénie-Marie-Joseph LEROUX.

Quatre enfants :

FLIPO, Georges (r. 338), né en 1893.

FLIPO, Eugène (r. 339), né en 1894.

FLIPO, Maurice (r. 340), né en 1895.

FLIPO, Elisabeth (r. 341), née en décembre 1897.

5° FLIPO, Carlos (p. 342), décédé le 19 février 1891, marchand de laines à Tourcoing, rue de Lille, à côté des Eaux de la Lys, époux de Victoire DUFOUR qu'il avait épousée le 2 février 1859.

Enfants :

1° FLIPO, Victoire (q. 343), décédée célibataire à 19 ans, le 3 janvier 1881.

2° FLIPO, Léon (q. 344), célibataire, négociant en laines à Tourcoing.

3° FLIPO, Jeanne (q. 345), célibataire, majeure, sans profession, à Tourcoing.

4° FLIPO, Joseph (q. 346), séminariste à Rome.

5° FLIPO, Carlos (q. 347), négociant en laines à Tourcoing, né le 11 avril 1860, époux d'Hélène DESVIGNES, mariés le 2 juillet 1889.

Six enfants :

FLIPO, Carlos (r. 348), né le 30 avril 1890.

FLIPO, Paul (r. 349), né le 17 mars 1892.

FLIPO, Hélène (r. 350), née le 19 novembre 1894.

FLIPO, Vincent (r. 351), né le 19 juillet 1895.

FLIPO, Jean (r. 352), né le 24 juin 1897.

FLIPO, Pierre, né le 2 décembre 1898.

6° FLIPO, Marie (q. 353), épouse de Cyrille DELTOUR, négociant en laines à Tourcoing, associé de MM. Carlos et Léon Flipo, né en 1860, marié le 6 mai 1891 avec Marie Flipo, née en 1868.

Trois enfants :

DELTOUR, Joseph (r. 354), né le 4 septembre 1894.

DELTOUR, Jules (r. 355), né le 25 février 1896.

DELTOUR, Marie (r. 356), décédé le 4 avril 1898, à l'âge de 7 mois.

6° FLIPO, François (p. 357), décédé fabricant à Tourcoing, le 12 novembre 1886, à l'âge de 65 ans, époux de Sophie Flipo (fille des époux Flipo-Charlet), décédée le 15 août 1875, à 58 ans.

Enfants :

FLIPO, François (q. 258), décédé célibataire le 30 octobre 1870, à 18 ans.

FLIPO, Marie (q. 359), décédée célibataire, à Tourcoing, le 28 juillet 1888, à 39 ans.

Carette–Boyaval

o.

Reine - Victoire

360. BOYAVAL, Reine - Victoire, décédée rentière à Tourcoing, le 14 avril 1869, épouse de Pierre - François CARETTE.

Quatre enfants :

1° CARETTE, Pierre (p. 361), décédé célibataire, rentier à Tourcoing, rue Martine.

2° CARETTE, Marie-Joseph (p.362), décédée à Vineuil (Indre)

3° CARETTE, Charles (p. 363), décédé propriétaire, rentier à Tourcoing.

4° CARETTE, Louis - François (p. 364), clerc paroissial à Saint-Christophe, marchand de porcelaines à Tourcoing, Grand'Place, puis à Bruxelles, décédé à Vineuil (Indre), épousa BOUCHEZ, dont il eut quatre enfants :

1° CARETTE, (q. 365).

2° CARETTE, (q. 366).

3° CARETTE, (q. 367).

4° CARETTE, Céline (q. 368), épouse d'Arthur Voisin.

Deux enfants :

VOISIN, Fernand (r. 369).

VOISIN, Marie (r. 370).

Thibaut–Boyaval

o.

Julie - Constance

371. BOYAVAL, Julie-Constance, née à Tourcoing, en 1790, épouse de THIBAUT, demeurant à Chatelet (Belgique).

Trois enfants :

1° THIBAUT, Adéle (p. 372), née à Châtelet, le 28 février 1827, décédé à Jumet (Belgique), le 16 octobre 1881, épouse GOOSSENS.

2° THIBAUT, Félix-Auguste (p. 373).

3° THIBAUT, Adolphine (p. 374).

Famille MASUREL-TIBERGHIEN

Masurel-Tiberghien

Jean - Baptiste

375. Le 7ᵉ enfant de Jean-Baptiste Masurel-Houzet (213) était Jean-Baptiste-Joseph Masurel, négociant en laines à Tourcoing, né à Tourcoing, baptisé à Saint-Christophe, le 26 février 1772. Parrain : Guillaume-Joseph Masurel ; marraine : Marie-Anne-Joseph Masurel ; décédé à Tourcoing, le 30 avril 1850.

Il épousa Marie-Anne Tiberghien, née le 13 avril 1779, fille de Charles François Tiberghien et de Séraphine Lepers.

FAMILLE TIBERGHIEN

Charles-Louis Tiberghien, né en 1701, décédé en 1773, marié le 24 avril 1729 avec Catherine Delbar, eut 5 enfants : 1° Louis-Joseph Tiberghien, négociant, né à Tourcoing en 1731, qui épousa, le 3 février 1757, Marie-Augustine-Joseph Pollet, fille des feus Jacques-Philippe et Marie-Anne-Joseph Duriez ; 2° Geneviève Tiberghien, femme Jacques Hierz ; 3° Jeanne Tiberghien ; 4° Marie Tiberghien ; 5° Charles-François Tiberghien, né en 1742, décédé en 1790, marié le 13 avril 1765, avec Joséphine Lepers. Ce dernier eut 12 enfants : A. Marie-Augustine Tiberghien, née en 1766, mariée le 31 avril 1789, à Jean-Baptiste Desurmont; B. Hyacinthe Tiberghien, né en 1768, marié le 23 prairial an XIII à Hilaire Dervaux ; C. Charles-François Tiberghien, né en 1769, marié à Louise Florin en 1800 ; D. Auguste-Désiré Tiberghien, né en 1770; E. Victoire-Reine Tiberghien, née en 1775; F. Catherine-Thérèse Tiberghien, née en 1774, mariée le 26 germinal an VI, à François Dervaux ;

G. Antoine Tiberghien, né en 1779 , marié le 30 pluviose an VIII à Céline Duquesnoy; H. Marie-Anne Tiberghien, mariée à Jean-Baptiste Masurel, (ci-dessus); I. Jean-Baptiste Tiberghien, né en 1785, marié le 30 janvier 1807 à Catherine Castel; J. Pierre Tiberghien; K. François Tiberghien décédés célibataires; L. Louis Tiberghien, négociant en laines à Tourcoing, né en 1781, marié le 7 février 1811 à Caroline Delcourt, née à Bondues en 1786, décédée à Tourcoing, le 14 décembre 1842; De ce mariage sont nés : 1º Caroline Tiberghien, mariée le 11 juin 1835 avec Jean-Baptiste Lefebvre, négociant en laines, à Tourcoing, rue de Lille, dont les enfants sont : A. Jean Lefebvre-Glorieux, négociant en laines à Tourcoing; B. Emile Lefebvre-Prévost, négociant en laines à Tourcoing; C. Caroline Lefebvre; D. Léon Lefebvre-Flamand, négociant en laines à Tourcoing; E. Joseph Lefebvre-Bekershoff; 2º Louis Tiberghien, marié le 29 avril 1844 avec Catherine Duvillier, fabricant de tissus à Tourcoing, rue du Tilleul; enfants : A. Louis Tiberghien, décédé; B. Catherine Tiberghien, veuve Leclercq, ancien fabricant de tissus à Wattrelos; C. Céline Tiberghien; D. Mme Masurel-Tiberghien ci-après (432); E. Louis Tiberghien-Motte, fabricant de tissus à Tourcoing; F. Emilo Tiberghien-Desurmont, fabricant de tissus à Tourcoing; G. René Tiberghien-Flipo, fabricant de tissus à Tourcoing; 3º Louise Tiberghien, mariée le 26 septembre 1842 avec Jean-Louis Jacquart, filateur de coton à Tourcoing, rue du Sentier; enfants : A. Louis Jacquart-Glorieux, filateur de coton à Tourcoing; B. Marie Jacquart; C. Alfred Jacquart-Crombez, filateur de coton à Tourcoing; D. Paul Jacquart-Van Elslande, filateur de coton à Tourcoing, rue Winoc-Chocquel; E. Louise Jacquart, femme Christory, filateur de laines à Tourcoing, rue du Château; F. Anna Jacquart, femme Motte, filateur de laines à Tourcoing; 4º Jules Tiberghien, marié le 16 mai 1853 avec Julie Dewavrin, rentier à Tourcoing, rue du Dragon; enfants : A. Jules décédé; B. Edmond décédé; C. Julia, femme Jean Motte; 5º Hyacinthe Tiberghien; 6º Charles Tiberghien, marié le 1er février 1858 avec Elise Lepoutre, fabricant de tissus à Tourcoing, rue de Lille. Enfants : A. Charles Tiberghien-Vandenberghe, fabricant;

B. Auguste ; C. Paul Tiberghien - Toulemonde , fabricant ;
D. Jules décédé ; E. Jules Tiberghien, prêtre ; F. Joseph et
G. Jean Tiberghien.

Louis Tiberghien-Duvillier et Charles Tiberghien-Lepoutre,
associés sous la raison Tiberghien frères, ont fondé à Tourcoing,
une maison de fabrication d'étoffes, qui devint la plus
importante de la ville et occupait 3,000 ouvriers dans trois
usines à Tourcoing, rue de Lille, rue de l'Alma et rue de
Paris (quartier des Francs). Charles Tiberghien et les enfants
de son frère Louis se séparèrent en 1895 ; le premier continua
l'exploitation des usines, rues de Lille et de l'Alma et fonda
une usine à Linselles ; les neveux reprirent sous le nom de
Tiberghien frères, la fabrique des Francs, et chacun doubla sa
fabrication. Leurs fabriques reçoivent la laine brute et la
rendent tissée.

Les époux Masurel-Tiberghien eurent cinq enfants :

1° MASUREL, Henri-Joseph (376).

2° MASUREL, Félix-Joseph (377).

3° MASUREL, Henri-Joseph (378).

4° MASUREL, Charles-Jean-Baptiste-Joseph (379).

5° MASUREL, Félix (421).

Masurel

0.

Henri-Joseph

376. MASUREL, Henri-Joseph, fils de Jean-Baptiste-Joseph
Masurel (375) et de Marie-Anne Tiberghien, né à Tourcoing
en 1808, décédé à Tourcoing, rue de Lille, le 8 juin 1812 ;
témoins : Guillaume Masurel et Louis Tiberghien, ses oncles.

Masurel

O.

Félix-Joseph

377. MASUREL, Félix - Joseph, fils des mêmes époux Masurel-Tiberghien (375), né à Tourcoing, le 6 février 1809, décédé à Tourcoing, rue de Lille, le 10 octobre 1810 ; témoins : Guillaume-François Masurel, oncle et Jean-Baptiste Desurmont, cousin.

Masurel

O.

Henri-Joseph

377. MASUREL, Henri - Joseph, fils des mêmes époux Masurel-Tiberghian (375), né à Tourcoing, le 25 septembre 1812, y décédé célibataire, le 30 mars 1864.

Masurel-Dervaux

O.

Charles - Jean - Baptiste - Joseph (dit Carlos)

379. MASUREL, Charles-Jean-Baptiste-Joseph, (dit Carlos), fils des époux Masurel-Tiberghien (375), né à Tourcoing, le 6 mai 1807, épousa en cette ville, le 23 juillet 1828, Charlotte-Sophie Dervaux, née le 18 janvier 1808, fille d'Alexandre et de Catherine Tiberghien. Leur contrat de mariage a été reçu par Me Delahaye, notaire à Tourcoing, le 14 juillet même année ; ils apportaient chacun 25,000 francs et le mari était déjà filateur de coton. Assistaient à ce contrat : Alexandre-François-Charles-Philippe Dervaux, frère germain, négociant et sa femme Géovanie Leblon ; Jeanne-Justine Dervaux, sœur et Charles-Henri Desurmont, négociant, son mari ; Pauline - Julienne Dervaux, sœur et François-Joseph Masurel, négociant, son mari ; Eugène-Salomon-Joseph Duquesne, oncle par alliance,

négociant à Roubaix ; Jeanne - Brigitte Dervaux, tante,
célibataire ; Marie-Agnès Tiberghien, veuve de Jean-Baptiste-
Joseph Dervaux, tante, négociante ; tous de Tourcoing.

M. Carlos Masurel-Dervaux, d'abord filateur de coton, puis
négociant en laines, était maire de Tourcoing, il mourut en
cette ville, le 20 juillet 1863.

Il eut douze enfants, huit d'entre eux (p. 380 à 387) moururent
en bas âge et les autres sont :

MASUREL, Gustave (388).
MASUREL, Charles (389).
MASUREL, Camille (405).
MASUREL, Mathilde (406).

1° MASUREL, Gustave (p. 388), né le 9 août 1831, décédé
à Marseille, le 21 juillet 1864.

2° MASUREL, Charles (p. 389), né le 27 septembre 1834,
décédé, négociant en laines à Roubaix ; le 22 septembre 1890,
il avait épousé, le 30 janvier 1856, Cécile Scrépel, née à
Roubaix, le 16 janvier 1835, y décédée le 16 décembre 1883.

Les époux Masurel-Scrépel ont laissé 3 enfants :

A. MASUREL, Georges (q. 390), né à Tourcoing, le
2 août 1858, baptisé à Tourcoing, église Saint-Christophe, en
août 1858. Parrain : Louis Scrépel-Florin ; marraine : Madame
Carlos Masurel-Dervaux. Il épousa, à Roubaix, le 20 janvier
1880, en présence de Louis Scrépel-Chrétien, Paul Scrépel-
Masurel, Pierre Hermel-Leclercq et Célestin Mulliez-Deplasse,
Elise Leclercq, née à Roubaix, le 23 mai 1861, baptisée à l'église
Saint-Martin. Parrain : Jean-Baptiste Mulliez-Desremaux ;
marraine : Madame Leclercq-Dupire. Leur contrat de mariage
a été reçu par Mᵉ Duthoit, notaire à Roubaix, en janvier 1880.

Leurs huit enfants sont :

MASUREL, Elise (r. 391), née à Roubaix, le 12 novembre 1880.
Baptisée à l'église Saint-Martin, le lendemain. Parrain : Charles
Masurel-Scrépel ; marraine : Madame Leclercq-Mulliez. Mariée
le 15 novembre 1899 à André Pollet, fils de César et de Pauline
Cuvelier.

MASUREL, Georges (r. 392), né à Roubaix, le 22 janvier 1882, baptisé à Saint-Martin, le lendemain. Parrain : Louis Leclercq-Mulliez ; marraine : Madame Charles Masurel-Scrépel.

MASUREL, André (r. 393), né à Roubaix, le 14 août 1883, baptisé à Saint-Martin, le lendemain. Parrain : Louis Scrépel-Florin ; marraine : Madame Carlos Masurel-Dervaux.

MASUREL, René (r. 394), né à Roubaix, le 28 septembre 1884, baptisé à Saint-Martin, le 29. Parrain : Louis Leclercq-Huet ; marraine : Madame Ernest Roussel.

MASUREL, Jacques (r. 395), né à Roubaix, le 22 avril 1886, baptisé à Saint-Martin, le lendemain. Parrain : Ernest Roussel-Masurel ; marraine : Madame Carlos Masurel-Leclercq.

MASUREL, Agnès (r. 396), née à Roubaix, le 3 mai 1888, baptisée le même jour à Saint-Martin. Parrain : Carlos Masurel-Leclercq ; marraine : Madame Leclercq-Huet.

MASUREL, Raymond (r. 397), né à Roubaix, le 13 février 1890. Baptisé église Saint-Sépulcre, le même jour. Parrain : Henri Leclercq ; marraine : Madame Leclercq-Tiberghien.

MASUREL, Pierre (r. 398), né à Roubaix, le 1er novembre 1891, baptisé le 11 à l'église Saint-Sépulcre. Parrain : Edmond Dubus-Droulers ; marraine : Madame Mulliez-Duchatelet.

B. MASUREL, Camille (q. 399), née le 8 juin 1860. Parrain : Scrépel-Chrétien ; marraine : Madame Paul Scrépel ; mariée à Roubaix, le 26 juillet 1882 ; contrat de mariage reçu par Me Duthoit, notaire à Roubaix ; avec Ernest ROUSSEL, né à Roubaix, le 22 février 1857. Parrain : François Destombes ; marraine : Madame Scrépel-Roussel, fils de François Roussel et de Florine Destombes. Sans enfants.

C. MASUREL, Carlos (q. 400), né à Roubaix, le 2 juillet 1862 ; marié à Roubaix, le 10 janvier 1887, à Adèle LECLERCQ, née à Croix, le 22 février 1865, fille de Louis et d'Adèle Mulliez ; baptisée à l'église de Saint-Martin à Croix. Parrain : Célestin Mulliez ; marraine : Justine Leclercq. Contrat de mariage devant Me Duthoit, notaire à Roubaix en janvier 1887.

Leurs quatre enfants sont :

MASUREL, Geneviève (r. 401), née à Roubaix, le 10 février 1888, baptisée le lendemain, église Saint-Sépulcre. Parrain : Charles Masurel-Scrépel ; marraine : Madame Leclercq-Mulliez.

MASUREL, Thérèse (r. 402), née à Roubaix, le 24 janvier 1889 , baptisée église Saint-Martin, le lendemain. Parrain : Leclercq-Mulliez ; marraine : Madame Ernest Roussel.

MASUREL, Madeleine (r. 403), née à Roubaix, le 8 novembre 1890; baptisée le 9, église Saint-Martin. Parrain : Louis Scrépel-Florin ; marraine : Madame Leclercq-Huet.

MASUREL, Carlos (r. 404), né le 16 juin 1892, baptisé le 17 à Saint-Martin. Parrain : Louis Leclercq-Huet; marraine : Madame Georges Masurel-Leclercq.

3° MASUREL, Camille (p. 405), née à Tourcoing, le 3 juin 1836, décédée le 20 juin 1856, mariée le 10 septembre 1855 à Paul SCRÉPEL, qui épousa sa sœur en secondes noces. Sans enfants.

4° Et MASUREL, Mathilde (p.406), née à Tourcoing le 26 août 1841, mariée, le 2 février 1861, audit Paul SCRÉPEL, né à Roubaix, le 13 janvier 1834.

Paul Scrépel - Masurel est décédé négociant en laines à Roubaix, place de la Fosse-aux-Chênes, le 20 juillet 1889.

Leurs enfants sont :

1° SCRÉPEL, Mathilde (q. 407), née à Tourcoing, le 18 décembre 1862, baptisée église Notre-Dame, le 19 décembre. Parrain : Scrépel - Florin ; marraine : Mme Carlos Masurel. Épousa à Roubaix, le 27 novembre 1882, Georges DROULERS, autrefois fabricant de tapis à Tourcoing, actuellement brasseur à Armentières, né à Ascq le 24 janvier 1858.(Parrain : Émile Demoulin ; marraine : Catherine Droulers), du mariage de Louis Droulers, distillateur à Ascq et de Louise Le Tellier. Contrat de mariage reçu par Me Duthoit, le 25 novembre.

Sept enfants :

DROULERS, Georges (r. 408), né à Tourcoing, le 15 septembre 1883, baptisé église Saint-Christophe le même jour. Parrain : Louis Droulers Le Tellier ; marraine : Madame Scrépel-Masurel.

DROULERS, Gaston (r. 409), né à Tourcoing, le 30 septembre 1884, baptisé à Saint - Christophe. Parrain : Paul Scrépel ; marraine : Madame Droulers-Le Tellier.

DROULERS, René (r. 410), né à Tourcoing, le 15 avril 1886, baptisé le lendemain à Saint-Christophe. Parrain : Scrépel-Florin ; marraine : Madame Louis Droulers, née Lucie Dhalluin.

DROULERS, Albert (r. 411), né à Tourcoing, le 22 décembre 1887, baptisé le 23, église Saint-Christophe. Parrain : Paul Droulers-Dambricourt ; marraine : Madame Boisse-Scrépel.

DROULERS, Marguerite (r. 412), née à Tourcoing le 27 août 1889, baptisée le lendemain à Saint-Christophe. Parrain : Paul Scrépel-Desmazières ; Marraine : Madame Léon Droulers, née Meurisse.

DROULERS, Marcel (r. 413), né à Roubaix le 9 mars 1891, baptisé le 10 à Saint - Martin. Parrain : Maurice Cardon, d'Armentières ; marraine : Madame Charles Flipo-Prouvost, de Tourcoing.

DROULERS, Madeleine (r. 414), née à Armentières, le 2 septembre 1893, baptisée église Notre-Dame à Armentières, le 3 septembre 1893. Parrain : Louis Droulers - Dhalluin, d'Ascq ; marraine : Madame Ernest Lotthé-Scrépel, de Bailleul.

2° SCRÉPEL, Marguerite (q. 415), née à Tourcoing, le 1er novembre 1864, baptisée à Saint-Christophe, qui épousa à Roubaix, le 24 novembre 1884, Jules BOISSE, né à Lille le 24 avril 1859. De ce mariage :

BOISSE, Suzanne (r. 416) née à Lille, le 4 septembre 1885, baptisée église St-Michel le lendemain. Parrain : Boisse père ; marraine : Madame Paul Scrépel.

3° SCRÉPEL, Paul (q. 417), né à Roubaix, le 5 février 1867, baptisé le lendemain, église Notre-Dame. Parrain : Alexandre Dervaux ; marraine : Madame Charles Masurel. Il épousa le 17 janvier 1891, Marie de MAZIÈRE, née à Marchiennes, le 24 janvier 1868, (Parrain : Charles Bieswal ; marraine : Madame Bernard de Mazière), fille du mariage de Jules de Mazière et d'Hermance Bieswal.

De ce mariage, Deux enfants :

SCRÉPEL, Paul (r. 418), est né à Roubaix le 2 novembre 1891, baptisé église Saint - Martin, le 3 novembre 1891. Parrain : Charles Bieswal ; marraine : Madame Paul Scrépel.

SCRÉPEL, Louis, né à Roubaix, le 3 avril 1898, baptisé église Saint-Martin, le 4 avril 1898. Parrain : Georges Droulers ; marraine : Marie Bieswal.

4° SCRÉPEL, Hélène (q. 419), née à Roubaix, le 8 décembre 1875, baptisée le même jour église Saint-Martin. Parrain : Louis Scrépel-Chrétien ; marraine : Marie Réquillart ; elle épousa à Roubaix, le 8 janvier 1896, Edmond-Fidèle-Joseph LEROUX, né à Roubaix, le 10 août 1864, de Fidèle-Joseph et d'Adèle Delecroix. Leur contrat de mariage a été reçu par Mᵉ Fontaine. Le mari est fabricant de tissus et demeure à Roubaix, rue du Château, 32.

De ce mariage sont nés à Roubaix, le 6 octobre 1896 :

LEROUX, Edmond-Antoine-Joseph (r. 420), baptisé église Saint-Martin. Parrain : Félix Leroux ; marraine : Madame Paul Scrépel.

LEROUX, Maurice, le 5 février 1898, baptisé église Saint-Martin, le même jour. Parrain : Paul Scrépel-Desmazières ; marraine : Madame Louis Leroux.

Masurel-Vuylsteke

O.

Félix - François

421. MASUREL, Félix - François, fils des époux Masurel-Tiberghien (375), né à Tourcoing le 22 février 1811, épousa à Menin, le 23 août 1837, Sophie-Adélaïde VUYLSTEKE, née à Menin, le 22 août 1817, du mariage de Charles Vuylsteke et

d'Adélaïde Vanderghote. Il mourut, négociant en laines, le 30 octobre 1862. Sa femme mourut à Bruxelles, le 20 février 1895.

FAMILLE VUYLSTEKE

Charles Vuylsteke, brasseur, né à Gheluwe, le 15 avril 1779, décédé à Menin le 20 avril 1838, épousa le 22 mai 1810, Adélaïde Vanderghote, née à Ypres, le 25 septembre 1787, décédée à Menin, le 4 mars 1863. Les époux Vuylsteke-Vanderghote eurent 10 enfants : 1° Pauline Vuylsteke, née le 1ᵉʳ mars 1811, religieuse à l'hôpital de Courtrai ; 2° Julie Vuylsteke, née le 23 octobre 1812, mariée le 23 août 1837 à Jean-Baptiste Desurmont de Tourcoing. De ce mariage sont nés : A. Julie Desurmont, née le 22 janvier 1839, mariée le 6 juin 1861 avec Liévin Hassebroucq de Comines ; B. Jean-Baptiste Desurmont, né le 20 juin 1840, marié le 3 février 1866, avec Marie Carpentier de Courtrai ; 3° Sidonie Vuylsteke, née le 10 juillet 1814, mariée le 24 janvier 1837 avec Cyrille Lorthiois de Tourcoing. De ce mariage sont nés : A. Adèle Lorthiois, née le 10 décembre 1837, mariée le 14 juillet 1863 avec Denis Flipo, négociant en laines à Tourcoing ; B. Jules Lorthiois, négociant en laines à Tourcoing, rue de Lille, né le 19 mars 1839, marié le 16 juin 1868 avec Henriette Delobel ; C. Pauline Lorthiois, née le 13 mai 1840, mariée le 11 mai 1869 à Cyprien Bellon ; D. Henriette Lorthiois, née le 4 juin 1842, mariée le 7 mai 1866 à Félix Desurmont, filateur de laines à Tourcoing ; E. Adolphe Lorthiois, né le 15 juin 1841, décédé le 7 mai 1866 ; F. Charles Lorthiois, négociant en laines, né le 30 juillet 1843, marié le 8 mai 1889 à Léona Renard ; G. Mathilde Lorthiois, née le 16 juillet 1844, mariée le 16 juillet 1866 à Victor Delobel, négociant en laines à Tourcoing ; H. Léonie Lorthiois, née le 16 septembre 1845, mariée le 3 octobre 1868 à Antoine Roussel ; I. Alphonse Lorthiois, décédé à Arras, le 26 février 1898, notaire à Arras, né le 1ᵉʳ mars 1848 ; J. Paul Lorthiois, négociant en laines à Tourcoing, né le 24 août 1849, marié le 21 avril 1879 avec

Marie Vandenberghe ; K. Julie Lorthiois, née le 11 octobre
1851, décédée le 18 avril 1877 ; L. Marie Lorthiois, née le
8 octobre 1858 ; 4° Hortense Vuylsteke, née le 4 janvier 1816 ;
5° Sophie Vuylsteke (421), épouse Masurel ; 6° Marie Vuylsteke,
née le 14 mai 1819 ; 7° Charles Vuylsteke , né le 9 janvier
1821, marié le 27 janvier 1852 avec Marie Bareel de Menin.
De ce mariage sont nés : A. Pauline Vuylsteke, née le
18 février 1853, mariée le 23 septembre 1874 avec Eugène
Nolf , fabricant de toiles à Courtrai ; B. Léon Vuylsteke,
brasseur à Menin, né le 14 octobre 1860, marié le 17 octobre
1889 avec Marguerite Vercruysse ; C. Jules Vuylsteke ,
né le 21 août 1865 , marié le 19 avril 1892 avec Marie -
Claire Dujardin ; 8° Mathilde Vuylsteke , née le 23 septembre 1822 , décédée le 6 février 1826 ; 9° Adèle Vuylsteke,
née le 2 novembre 1825 , mariée le 24 janvier 1859 avec
Henri Hage, de Courtrai. De ce mariage sont nés : A. François
Hage, jésuite, né le 1er février 1859 ; B. Henri Hage, négociant
à Courtrai, né le 15 juillet 1861, marié le 21 juin 1887 avec
Lucie Orban de Xivry ; 10° Henri Vuylsteke, né le 14 janvier
1827, marié le 12 août 1851 avec Louise Vandenberghe de
Menin. De ce mariage sont nés : A. Marie Vuylsteke née le
5 janvier 1852, mariée le 5 septembre 1871 avec Cyrille Boosse,
brasseur à Ypres ; B. Hélène Vuylsteke, née le 25 mai 1854,
mariée le 3 septembre 1885 avec Edmond Mathys, juge de
paix ; C. Thérèse Vuylsteke, né le 5 mars 1856, mariée le
1er juillet 1883 à Eugène Vandermeersch, notaire à Ypres ;
D. Mathilde Vuylsteke, née le 27 avril 1857, mariée le 4 avril
1882 à Georges Labbe ; E. Albert Vuylsteke, brasseur, né le
23 novembre 1858, marié le 31 août 1892 à Claire Lagae ,
F. Marguerite Vuylsteke, née le 11 avril 1861. mariée le
3 juin 1885 à Jules Desmedt.

Les époux Masurel-Vuylsteke eurent trois enfants :

I. MASUREL, Elise (p. 422), née le 4 mai 1840.

II. MASUREL, Julie (p. 423), née à Tourcoing le 21 janvier
1842, qui épousa le 20 juin 1866, Auguste LAUWERS, né à
Thourout le 26 juin 1825, décédé négociant en laine et grains
à Bruxelles le 31 janvier 1895.

Leurs cinq enfants sont :

1° LAUWERS, Berthe (q. 424), née le 5 juillet 1873.

2° LAUWERS, Léon (q. 425), né le 18 février 1876.

3° LAUWERS, Marie (q. 426), née à Bruxelles le 4 juin 1867, mariée le 20 octobre 1887 avec Gustave LAPIERRE, né à Bruxelles le 21 novembre 1860.

LAUWERS, Gabrielle (p.427), née à Bruxelles, le 1er février 1869, mariée le 10 juillet 1890 avec Paul GAILLARD, né à Gand, le 27 juillet 1852. Les époux Gaillard ont deux enfants :

GAILLARD, Gabrielle (r. 428), née à Saint-Nicolas le 27 septembre 1891.

GAILLARD, Paule (r. 429), née à Saint-Nicolas le 23 juin 1893.

Et 5° LAUWERS, Alice (q.430), née à Bruxelles le 8 février 1871, mariée le 19 mai 1892 avec Henri LIEKENS, né à Laeken le 4 novembre 1857 ; un enfant :

LIEKENS, Adrien (r. 431), né en juillet 1893.

III. MASUREL, Félix-Henri (p. 432) né le 8 septembre 1845, marié le 8 janvier 1873 avec Céline-Marie TIBERGHIEN, née le 16 avril 1850, du mariage de Louis-Désiré Tiberghien et de Catherine-Justine-Pauline Duvillier. Masurel-Tiberghien, demeure à Tourcoing, rue de Lille ; il est associé de la maison Tiberghien frères.

(On trouve au N° 375 les ascendants de Madame Masurel-Tiberghien).

Les époux Félix Masurel-Tiberghien ont neuf enfants :

1° MASUREL, Félix (q. 433) né le 10 janvier 1876, décédé le 11 janvier 1877.

2° MASUREL Céline (q. 434), née le 15 juin 1878, décédée le même jour.

3° MASUREL, Félix (q. 435), né le 22 février 1879.

4° MASUREL, Joseph (q. 436), né le 1er mars 1881, décédé le 1er mai 1884.

5° MASUREL, Alphonse (q. 437), né le 18 février 1883, décédé le 8 octobre 1885.

6° MASUREL, Joseph (q. 438), né le 13 janvier 1885.

7° MASUREL, Céline (q. 439), née le 29 août 1886.

8° MASUREL, Julie (q. 440), née le 16 juin 1888.

9° MASUREL, Marie (q. 441) née le 19 février 1874, épousa Romain DUQUESNOY et de leur mariage naquirent trois enfants :

DUQUESNOY, Marie-Agnès (r. 442), née le 27 décembre 1895.

DUQUESNOY, Romain (r. 443), né le 26 mars 1897.

DUQUESNOY, Adelphie (r.444), née le 25 septembre 1898.

MASUREL-DESURMONT

FRANÇOIS-JOSEPH

Masurel-Desurmont

François-Joseph

(6ᵉ Génération)

445. MASUREL, François-Joseph, fils de Jean - Baptiste
Masurel et de Marie-Joseph Houzet (m. 213), naquit à
Tourcoing ; son acte de naissance est transcrit en ces termes,
aux registres de Saint-Christophe : « 1766 26 avril. Je soussigné
vic. de cette paroisse ay bap. François-Joseph né le 26, de
Jean-Baptiste Masurel, marchand et de Marie-Joseph Houset,
domiciliés à Tourcoing. Parrain : Jean-Baptise Bonenfant;
marraine : Jeanne-Thérèse Delwarde. »

Le 11 février 1793, François-Joseph MASUREL, 26 ans, marchand, épousa à Tourcoing Angélique-Joseph DESURMONT,
21 ans, née à Tourcoing, le 3 novembre 1761, fille de Jacques-
Joseph Desurmont et de Marie-Alexis Courouble, marchand à
Tourcoing; en présence de Guillaume-François-Joseph Masurel,
marchand, 28 ans ; Jean-Baptiste Boyaval, 42 ans, marchand
tanneur, frère et beau - frère du marié ; Jean-Baptiste-Joseph
Desurmont, marchand, 29 ans, et Charles-François Delepoulle,
42 ans, marchand, frère et beau-frère de la mariée ; tous de
Tourcoing.

FAMILLE DESURMONT

I. Pierre Desurmont, qui vivait à Tourcoing dans la
1ʳᵉ moitié du XVIIᵉ siècle, épousa Marie Deladrière. II. Leur fils
Pierre Desurmont, né à Tourcoing en 1640, épousa Françoise
Lagache dont il eut 4 enfants : 1° Marie-Catherine ; 2° Philippe ;
3° Marguerite ; 4° Pierre - Antoine. III. Pierre - Antoine
Desurmont, décédé peigneur à Tourcoing, à la Capellerie le
8 mars 1738, avait épousé à Tourcoing, le 19 octobre 1694,

Jeanne - Thérèse Delahaye ; il eut pour fils Pierre - Philippe Desurmont, sacristain de Saint-Christophe et Jacques qui suit : IV. Jacques Desurmont, décédé graissier à Tourcoing, le 5 décembre 1769, à 70 ans, avait épousé en premières noces à Tourcoing, le 4 novembre 1725, Hélène-François Petitberghien, dont il eut 2 enfants : Pierre-Philippe Desurmont, mort à 19 ans et Jacques-Joseph Desurmont-Courouble. (On trouvera sa descendance à la famille Courouble-Claies à la fin du livre).

Masurel - Desurmont mourut à Tourcoing le 12 septembre 1824, à 58 ans et 5 mois, témoins Pierre-Célestin Destombes, 48 ans et Guillaume - François- Joseph Masurel, 61 ans, négociants à Tourcoing, gendre et frère.

On doit à l'obligeance de M. l'abbé Dervaux, curé de Vendeville, la transcription de son épitaphe :

D. O. M.

« A la mémoire de M. François Masurel, décédé en cette
» ville le 11 septembre 1824, âgé de 58 ans. — Religieux,
» doux, humble, charitable, il vécut aimé des gens de bien ;
» son éloge et sa mémoire sont gravés dans tous les cœurs ;
» et de dame Augustine Desurmont, son épouse décédée, le
» 9 septembre 1827, âgée de 65 ans. — Elle aima tendrement
» son Dieu, son époux, ses enfants et les pauvres ; ses enfants
» la pleurent, les pauvres la regrettent, l'église conserve les
» dons précieux qu'elle en reçut, et Dieu, on l'espère l'a réunie
» à son époux dans le ciel. — Chrétiens qui lisez ces mots et
» partagez cette espérance, ne laissez point cependant de lui
» accorder vos prières. »

En l'an IV, il est dénommé marchand fabriquant à Tourcoing et y demeure rue de Wailly, dans une propriété où il avait fait construire sa maison ; cette habitation fut occupée après lui par son fils François Masurel-Dervaux, son petit-fils François Masurel-Pollet ; elle fut incendiée vers 1877, reconstruite et occupée par François Masurel-Jonglez, arrière-petit-fils de Masurel-Desurmont ; sur la propriété M. François Masurel-Pollet a fait ériger un établissement industriel à usage de filature.

Les époux Masurel-Desurmont eurent quatre enfants :

1° MASUREL, François-Joseph (446).

2° MASUREL, Jean-Baptiste-Joseph (447).

3° MASUREL, François-Joseph (474).

4° MASUREL, Angélique-Joseph (448).

Masurel

o.

François-Joseph

446. MASUREL, François - Joseph, fils de François–Joseph Masurel (445) et d'Angélique-Joseph Desurmont, décédé à Tourcoing, le 4 thermidor an VI, à l'âge de 33 mois; témoins son père, âgé de 30 ans, marchand fabriquant à Tourcoing.

Masurel

o.

Jean - Baptiste - Joseph

447. MASUREL, Jean-Baptiste-Joseph, fils de François-Joseph Masurel (445) et d'Angélique-Joseph Desurmont, décédé à Tourcoing, rue de Wailly, le 21 brumaire an VI, à l'âge de 23 mois.

Destombes–Masurel

o.

Angélique - Joseph

448. MASUREL, Angélique-Joseph, quatrième enfant de Masurel - Desurmont, née à Tourcoing le 22 floréal an VII (11 mai 1799); témoins Jean - Baptiste - Joseph Desurmont, 35 ans, et Anne-Catherine-Joseph Masurel, 38 ans, femme du citoyen Jean - Baptiste Boyaval, marchand tanneur; épousa le 21 avril 1817, Pierre-Célestin DESTOMBES, né à Tourcoing, le 3 mai 1783.

Le mari, négociant à Tourcoing, mourut le 14 février 1827, la femme, le 5 septembre 1855.

Ils eurent cinq enfants :

1° DESTOMBES , Jean-Baptiste (449).

2° DESTOMBES , Pierre (450).

3° DESTOMBES , François (452).

4° DESTOMBES , Angélique (466).

5° DESTOMBES , Florine (467).

Destombes

Jean-Baptiste
p.

449. DESTOMBES , Jean-Baptiste , fils de Pierre-Célestin Destombes et d'Angélique - Joseph Masurel (448), né à Tourcoing le 25 décembre 1821, y décédé le 19 janvier 1830.

Destombes-Wattinne

Pierre
p.

450. DESTOMBES , Pierre , fils de Pierre - Célestin Destombes et d'Angélique-Joseph Masurel, né à Tourcoing le 19 avril 1819, marié le 2 juin 1845 à Hortense WATTINNE, née à Tourcoing, le 6 avril 1824. Le mari mourut à Tourcoing, le 27 avril 1854 et la femme, le 13 novembre 1851.

Un seul enfant :

DESTOMBES , Pierre (451).

Destombes-Delattre

Pierre

q.

451. DESTOMBES, Pierre, fils des précédents, né à Tourcoing, le 30 octobre 1846, marié à Roubaix le 13 janvier 1873 avec Marie DELATTRE, née à Roubaix le 3 juillet 1851, y décédée le 11 juin 1873.

Sans postérité.

Destombes-Morisset

François

p.

452. DESTOMBES, François, fils de Pierre - Célestin Destombes et d'Angélique-Joseph Masurel (448), né à Tourcoing le 13 août 1820, y décédé le 15 septembre 1865, marié le 3 mars 1850, à Sidonie MORISSET, née à Paris le 5 décembre 1832.

Quatre enfants :

1° DESTOMBES, Sidonie (453).

2° DESTOMBES, François (457).

3° DESTOMBES, Amédée (460).

4° DESTOMBES, Jeanne (461).

Poumaroux-Destombes

Sidonie

q.

453. DESTOMBES, Sidonie, fille de François Destombes (451) et de Marie Morisset, née à Tourcoing, le 25 novembre 1852, mariée le 11 août 1870, à Émile POUMAROUX, né à Bordeaux le 1er novembre 1836, décédé à Paris le 8 août 1885.

Trois enfants :

1° POUMAROUX, Marguerite (454).

2° POUMAROUX, Raoul (455).

3° POUMAROUX, Gaston (456).

Poumaroux

r.

Marguerite

454. POUMAROUX, Marguerite, fille d'Emile Poumaroux et de Sidonie Destombes (453), née à Lima le 15 mai 1872, décédée à Paris le 13 septembre 1884.

Poumaroux

r.

Raoul

455. POUMAROUX, Raoul, fils d'Emile Poumaroux et de Sidonie Destombes (453) né à Paris le 31 mai 1877, y décédé le 7 mai 1878.

Poumaroux

r.

Gaston

456. POUMAROUX, Gaston, fils d'Emile Poumaroux et d'Angélique Destombes (453), né à Lima le 3 octobre 1873.

Destombes–Dupeyrou

q.

François

457. DESTOMBES, François, fils de François Destombes (451) et de Marie Morisset, né à Tourcoing le 8 septembre 1854,

décédé à Paris, le 17 janvier 1881, avait épousé le 10 janvier 1877, Marguerite DUPEYRON, née à Lima le 14 septembre 1859.

Il a deux enfants :

DESTOMBES, Marguerite (458).

DESTOMBES, Françoise-Madeleine (459).

Destombes

r.

Marguerite

458. DESTOMBES, Marguerite, fille des époux Destombes-Dupeyron (457), née à Paris le 7 février 1878.

Destombes

r.

Françoise-Madeleine

459. DESTOMBES, Françoise-Madeleine, fille des époux Destombes-Dupeyron (457), née à Paris, le 17 février 1881, et décédée en la même ville le 29 janvier 1882.

Destombes-Bezennes

q.

Amédée

460. DESTOMBES, Amédée, fils de François Destombes (451) et de Marie Morisset, né à Tourcoing le 13 mars 1856, marié le 10 mars 1895, à Adèle BEZENNES, née à Thoisy (Ain), le 1ᵉʳ avril 1859.

Goelzer-Destombes

q.

Jeanne

461. DESTOMBES, Jeanne, fille de François Destombes (451) et de Marie Morisset, née à Tourcoing le 14 décembre 1859,

mariée le 11 mai 1878 avec Achille GOELZER, né à Paris, le 29 juillet 1850.

Les époux Goelzer ont quatre enfants :

GOELZER , Lucien (462).

GOELZER . Philippe (463).

GOELZER , Pierre (464).

GOELZER , Marcel (465).

Goelzer

r.

Lucien

462. GOELZER, Lucien, fils des époux Goelzer-Destombes (451), né à Paris le 3 août 1881.

Goelzer

r.

Philippe

463. GOELZER , Philippe , fils des époux Goelzer - Destombes (451), né à Paris le 18 février 1885, y décédé le 29 septembre suivant.

Goelzer

r.

Pierre

464. GOELZER, Pierre, fils des époux Goelzer-Destombes (451), né à Paris le 29 novembre 1886.

Goelzer

r.

Marcel

465. GOELZER, Marcel, fils des époux Goelzer-Destombes (451), né à Amiens le 19 septembre 1888.

Wattinne-Destombes

p.

Angélique

466. DESTOMBES, Angélique, fille de Pierre-Célestin Destombes et d'Angélique-Joseph Masurel (448), née à Tourcoing le 6 avril 1824, mariée le 26 octobre 1846 à Paul WATTINE, Angélique Destombes est morte sans postérité à Tourcoing le 14 juin 1847.

Roussel-Destombes

p.

Florine

467. DESTOMBES, Florine, fille de Pierre-Célestin Destombes et d'Angélique-Joseph Masurel (448), née à Tourcoing le 12 décembre 1826, épousa le 21 juillet 1847, François ROUSSEL, né à Roubaix le 20 janvier 1819. Elle mourut à Roubaix le 5 mars 1857.

Trois enfants :

1° ROUSSEL, François (468).

2° ROUSSEL, Edouard (469).

3° ROUSSEL, Ernest (473).

7

Roussel-Lelarge

q.

François

468. ROUSSEL, François, fils des époux Roussel-Destombes (467), né à Roubaix le 29 mars 1851, marié le 8 août 1876 à Marthe LELARGE, née à Reims le 8 août 1856.

Roussel-Lecomte

q.

Edouard

469. ROUSSEL, Edouard, fils des époux Roussel-Destombes (467), né à Roubaix le 21 avril 1852, marié le 1er février 1887 à Jeanne LECOMTE, née à Roubaix le 18 août 1866.

Trois enfants :

1° ROUSSEL, François (470).

2° ROUSSEL, Édouard (471).

3° ROUSSEL, Jeanne (472).

Roussel

r.

François

470. ROUSSEL, François, fils des époux Édouard Roussel-Lecomte (469), né à Roubaix le 5 septembre 1888.

Roussel

r.

Edouard

471. ROUSSEL, Edouard, fils des époux Édouard Roussel-Lecomte (469), né à Roubaix le 28 février 1890.

Roussel

r.

Jeanne

472. ROUSSEL, Jeanne, fille des époux Édouard Roussel-Lecomte (469), née à Roubaix, le 15 mars 1892.

Roussel-Masurel

q.

Ernest

473. ROUSSEL, Ernest, fils des époux Roussel-Destombes (467), né à Roubaix, le 22 février 1857, épousa le 20 juillet 1882, Camille MASUREL, née à Roubaix le 8 juin 1860, fille des époux Charles Masurel-Scrépel, (n° 389).

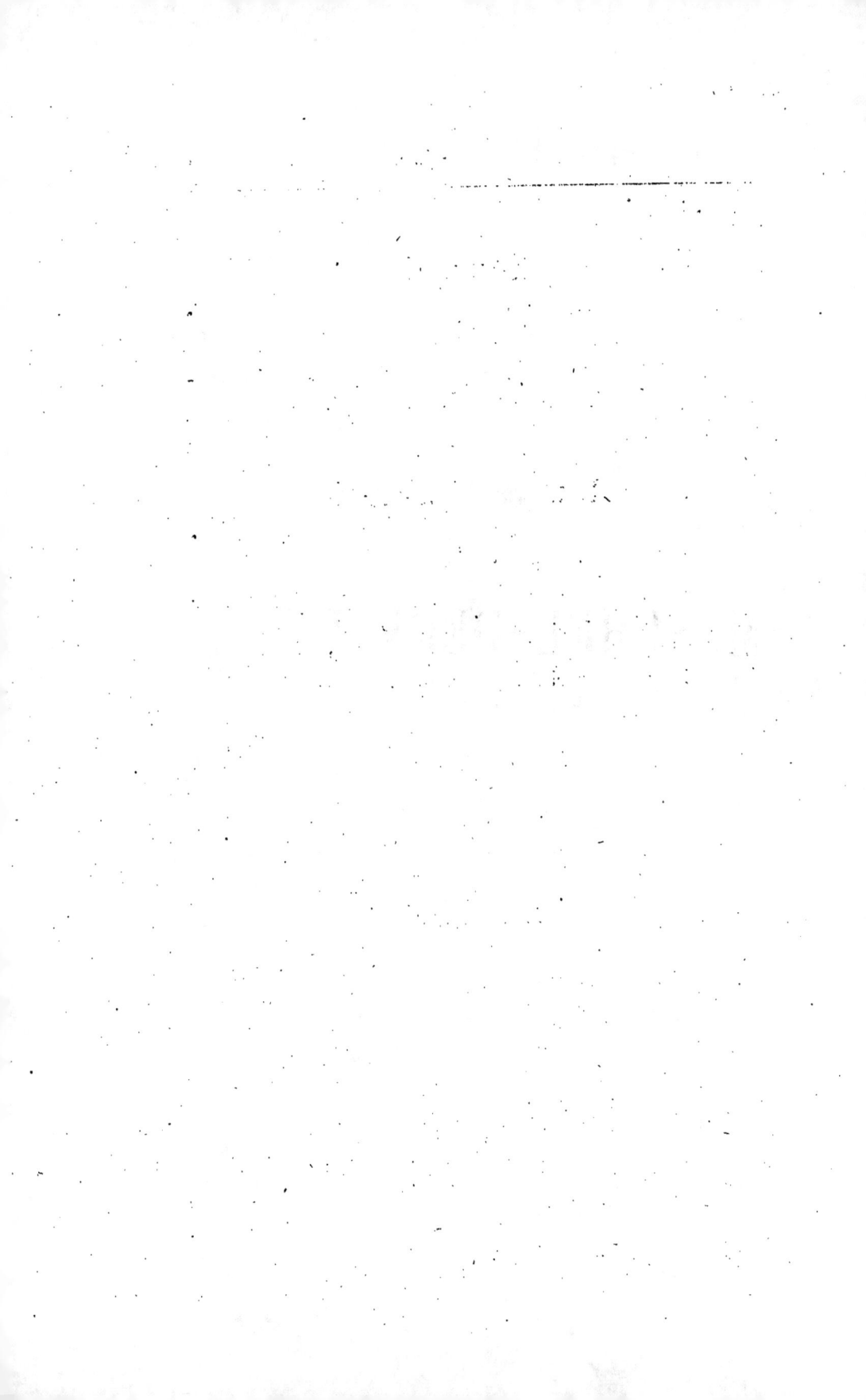

MASUREL-DERVAUX

FRANÇOIS

Masurel-Dervaux

o.

François-Joseph

(7ᵉ Génération)

474. L'an cinquième de la République Française, le 7 du mois de fructidor, an VI, devant nous, Hilarion Decourchelle, officier public de la commune de Tourcoing, il a été présenté un enfant du sexe masculin, né en ladite commune aujourd'hui à deux heures du matin, auquel il a été donné pour prénoms François-Joseph, né en légitime mariage de François-Joseph Masurel, négociant et de Angélique-Joseph Desurmont, son épouse, domiciliés audit Tourcoing.

Et ont assisté comme témoins : Guillaume-François Masurel, négociant, et Marie-Françoise Desurmont, femme du citoyen Charles - François - Joseph Delepoulle, négociant, tous deux domiciliés à Tourcoing.

François-Joseph Masurel épousa à Tourcoing, le 8 juillet 1822, Pauline-Julienne DERVAUX, née à Tourcoing, le 17 août 1805, fille d'Alexandre Dervaux et de Catherine Tiberghien.

Et mourut négociant en laines à Tourcoing, rue de Wailly, le 24 février 1851.

Sa femme était décédée, à Tourcoing, le 6 avril 1847.

Leur contrat de mariage a été passé devant Mᵉ Delahaye, notaire à Tourcoing, le 1ᵉʳ juillet 1822 ; aux termes de cet acte, chacun des futurs époux a apporté 25.000 francs ; le futur était assisté de ses père et mère, d'Angélique - Joseph Masurel, sa sœur germaine et Pierre-Célestin Destombes, mari de cette dame ; de Guillaume - Joseph et Jean-Baptiste Masurel, ses oncles, négociants ; de Françoise-Joseph Desurmont, sa tante, et de Charles Delepoulle, négociant, mari de cette dame, demeurant tous à Tourcoing ; la future était assistée de

Jeanne-Justine Dervaux, sa sœur germaine, et de Charles-
Henri Desurmont, mari de celle-ci, d'Alexandre - François -
Charles-Philippe Dervaux, de Charlotte-Sophie Dervaux, ses
frère et sœur ; de Jeanne-Brigitte Dervaux, de Marie-Agnès
Dervaux, veuve Jean-François Desurmont, et de Marie-Augustine Tiberghien, veuve Jean-Baptiste-Joseph Desurmont, ses
tantes, de Louis-Joseph Tiberghien, négociant, oncle, tous de
Tourcoing, et de Eugène-Salomon-Joseph Duquesne, négociant
à Roubaix.

François Masurel - Dervaux, fut marchand peigneur et
ensuite négociant en laines à Tourcoing ; il était connu sous le
nom de Masurel fils, parce que son père, M.Masurel-Desurmont,
exerçait le même commerce en même temps.

La maison Masurel fils, déjà florissante du vivant de son
fondateur, établit en 1878 des succursales à Buenos-Ayres et
Montévideo et envoya des acheteurs à Melbourne et à Sidney ;
elle ne cessa de s'agrandir entre les mains de MM. François
Masurel - Pollet, Ernest Masurel - Pollet, Jules Masurel-
Wattinne, Paul Masurel-Lefebvre et Albert Masurel-Van de
Walle et elle est devenue une des plus importantes du pays.

Les époux Masurel-Dervaux eurent dix enfants :

1° MASUREL, François (475).

2° MASUREL, Paul-Joseph (476).

3° MASUREL, François-Joseph (541).

4° MASUREL, Emile-Charles-Joseph (477).

5° MASUREL, Ernest-Joseph (479).

6° MASUREL, Pauline-Joseph (496).

7° MASUREL, Paul-Victor (511).

8° MASUREL, Jules-Paul-Joseph (478).

9° MASUREL, Jules-Paul-Joseph (516).

10° MASUREL, Paul-Joseph (531).

Masurel

François

p.

475. MASUREL , François , fils des époux François Masurel-Dervaux (474), mourut à Tourcoing, le 8 mars 1826, à 2 ans.

Masurel

Paul - Joseph

p.

476. MASUREL , Paul-Joseph , fils des époux François Masurel-Dervaux (474), décédé à Tourcoing, le 15 janvier 1829, à quatre ans.

Masurel

Emile - Charles - Joseph

p.

477. MASUREL, Emile - Charles - Joseph, fils des époux Masurel - Dervaux (474), décédé à Tourcoing, rue de Wailly, le 19 décembre 1828, à cinq mois.

Masurel

Jules

p.

478. MASUREL , Jules, fils des époux Masurel-Dervaux décédé le 26 mai 1837, à six mois.

Masurel-Pollet

Ernest

p

479. MASUREL-POLLET, Ernest, fils de François Masurel (474) et de Pauline-Julienne Dervaux, naquit à Tourcoing, le

7 novembre 1829 et y fut baptisé le lendemain. Parrain :
François Dervaux, son aïeul ; marraine : Madame Pierre
Destombes, sa tante ; il épousa le 19 octobre 1851, Rosine-
Elisa POLLET, née à Roubaix, le 15 août 1833, baptisée le
lendemain, église Saint-Martin. Marraine : sa tante, Madame
Glorieux-Pollet ; parrain : Charles Pollet, son oncle. Après ses
études faites à Brugelette, il entra dans la maison Masurel fils
et contribua puissamment à l'extension de ses affaires.

Conseiller municipal à Tourcoing, vers 1864, administrateur
du chemin de fer du Nord-Est, il mourut à Tourcoing, le
29 juin 1884, négociant en laines, filateur et tisseur de coton.

Madame Ernest Masurel, née Rosine Pollet, mourut le
2 février 1900, après une longue maladie qui l'avait obligé de
renoncer à cette vie active qui lui était si chère, mais qui ne
parvint pas à bannir de ses lèvres, ce sourire si franc et si bon
qui la rendait aimable et accueillante pour tous.

Les époux Ernest Masurel-Pollet eurent quatre enfants :

1º MASUREL, Ernest (480).

2º MASUREL, Albert (481).

3º MASUREL, Rosine (485).

4º MASUREL, Emile (489).

Masurel

Ernest

q.

480. MASUREL, Ernest, fils des époux Ernest Masurel-
Pollet (479), né à Tourcoing, le 13 août 1852, baptisé le
lendemain, à Tourcoing, église Notre-Dame. Parrain : François
Masurel - Pollet, son oncle : marraine : Madame Joseph Pollet,
sa grand'mère ; décédé le 5 décembre 1855.

Masurel-Van de Walle

Albert   q.

481. MASUREL, Albert, fils des époux Ernest Masurel-Pollet (479), né à Tourcoing, le 30 juin 1855, baptisé à Notre - Dame, le 1ᵉʳ juillet. Parrain : Joseph Pollet, son aïeul ; marraine, sa tante : Madame Paul Wattinne-Masurel. Il épousa à Bailleul, le 6 juillet 1881 ; témoins François Masurel - Pollet, Emile Bossut - Masurel, Charles Biesval et Eugène Cortyl, Valérie VAN DE WALLE, née à Bailleul, le 23 juin 1860, du mariage de Jules Vandewalle et de Fanny Clenevoerch, baptisée à Saint-Amand, de Bailleul, le 24 juin 1860. Leur contrat de mariage a été reçu par Mᵉ Declercq, notaire à Bailleul, le 3 juillet 1881.

M. Albert Masurel, fit ses études chez les jésuites à Vaugirard, voyagea ensuite en Europe, Algérie, Maroc et dans les deux Amériques. Entré dans la maison Masurel fils, s'occupa des filatures et tissage de coton, dont il devint seul propriétaire en 1896. Après son mariage, il habita Roubaix, mais à la mort de son père en 1884, revint se fixer à Tourcoing, où il est filateur et tisseur de coton. Grand amateur de musique, il fut un des promoteurs de la salle des fêtes, fonda et dirigea pendant 8 ans (1890-1898) l'association symphonique de Tourcoing. En 1898 il fut élu député comme républicain-progressiste contre un radical, mais son élection ne fut pas validée. Albert Masurel remplit les fonctions d'administrateur du bureau de bienfaisance (octobre 1892, janvier 1894). Depuis février 1892, il est capitaine d'artillerie territoriale ; depuis 1896, censeur de la succursale de la banque de France. Le 16 juillet 1893, il a été nommé officier d'académie.

Trois enfants :

1⁰ MASUREL, Marthe-Fany-Rosine-Marie (482).

2⁰ MASUREL, Germaine-Rosine-Ernestine-Marie (483).

3⁰ MASUREL, Rose -- Anne -- Charlotte - Marguerite - Marie (484).

Masurel

Marthe-Fany-Rosine-Marie   r.

482. MASUREL, Marthe - Fany - Rosine - Marie, fille des époux Albert Masurel-Van de Walle (481), née à Roubaix, le 7 mai 1882. Parrain : Elie Vandewalle, son grand-oncle ; marraine : Madame Ernest Masurel sa grand'mère.

Masurel

Germaine-Rosine-Ernestine-Marie   r.

483. MASUREL, Germaine-Rosine-Ernestine-Marie, fille des époux Albert Masurel-Van de Walle (481), née à Roubaix, baptisée église Saint-Martin le 11 juillet 1885. Parrain : Félix Cortyl, son grand-oncle ; marraine : Madame Emile Bossut-Masurel, sa tante.

Masurel

Rose-Anne-Charlotte-Marguerite-Marie   r.

484. MASUREL, Rose-Anne-Charlotte-Marguerite-Marie, fille des époux Albert Masurel Van de Walle (481), née à Tourcoing, le 24 janvier 1888, baptisée le lendemain église Notre-Dame. Parrain : Charles Biesval, grand-oncle ; marraine : Marguerite Masurel-Bossut, tante.

Bossut-Masurel

Rosine   q.

485. MASUREL, Rosine, fille des époux Ernest Masurel-Pollet (479), née à Tourcoing, le 9 janvier 1857, baptisée église Notre-Dame. Parrain : François Masurel; marraine : Catherine Pollet, épousa à Tourcoing, le 10 novembre 1875, Émile BOSSUT, né à Roubaix, le 2 août 1848, du mariage de Henry Bossut et de Clémence Pollet, baptisé à Saint-Martin,

le lendemain. Parrain : Jean-Baptiste Bossut - Grimonprez ; marraine : Rose-Anne Verley.

Émile Bossut commenca ses études au collège Notre-Dame des Victoires à Roubaix, et les termina au collège Sainte-Barbe à Paris. Reçu bachelier à 17 ans, il partit pour l'Allemagne et l'Angleterre et y étudia les langues. Il fit la guerre en 1870 comme capitaine de compagnie, faisant fonction de capitaine-major au 100ᵉ mobiles. Il revient ensuite à Roubaix pour prendre place dans la maison Bossut père et fils, dont il suit activement les affaires et les développe dans l'Amérique du Nord, où il se rend lui même en 1890 et en 1894. Il remplit aussi, pendant quelques années, les fonctions de juge au tribunal de commerce

Trois enfants :

BOSSUT, Madeleine (486).

BOSSUT, Thérèse (487).

BOSSUT, Emile (488).

Ferlié-Bossut

Madeleine

486. BOSSUT, Madeleine, née à Roubaix, le 16 septembre 1878, baptisée le 17 à Saint-Martin. Parrain : Henry Bossut ; marraine : Rosine Pollet, épousa à Roubaix, le 5 janvier 1898, en présence d'Eugène Duthoit, le colonel Braca, Albert Masurel et Henry Bossut, René FERLIÉ, né à Roubaix, le 1ᵉʳ mars 1874. Parrain : Cyrille Ferlié-Lecomte ; marraine : Ledoux, fils de Cyrille Ferlié et d'Émélie Maréchal. Leur contrat de mariage a été reçu par Mᵉ Fontaine, Notaire à Roubaix, le 28 décembre 1897.

René Ferlié est né à Roubaix, le 1ᵉʳ mars 1874 du mariage de Julien - Cyrille - Joseph, et de Marie - Joseph - Clémence Maréchal, baptisé à Saint-Martin, le 5 mars 1874. Parrain : Cyrille Ferlié-Lecomte ; marraine : Julie François (Dame Maréchal).

Bossut

r.

Thérèse

487. BOSSUT, Thérèse, née à Roubaix, le 21 décembre 1880, baptisée le lendemain à Saint-Martin. Parrain : Ernest Masurel ; marraine : Clémence Pollet.

Bossut

r.

Émile

488. BOSSUT, Émile, né à Roubaix, le 9 juin 1884, baptisé église Saint - Martin. Parrain : Albert Masurel ; marraine : Jeanne Bossut.

Masurel-Bossut

q.

Émile

489. MASUREL, Émile, fils des époux Masurel-Pollet (479), né à Tourcoing, le 3 mai 1861, baptisé à Notre-Dame. Parrain : Jules Masurel-Wattinne, oncle paternel ; marraine : Madame François Masurel, tante maternelle, épousa à Roubaix, le 12 août 1884, Marguerite BOSSUT, fille d'Henry et de Clémence Pollet, née à Roubaix, le 16 septembre 1864, baptisée à Saint-Martin. Parrain : Jean-Baptiste Bossut, son oncle ; marraine : Madame Félix Grimonprez. Présents au mariage : François Masurel, Albert Masurel, Louis Bossut, de Tournay, Émile Bossut. Contrat de mariage reçu par M° Duthoit, le 11 août.

Émile Masurel fit ses études au collège des Jésuites à Vaugirard, et, après avoir satisfait aux examens du baccalauréat, et terminé son service militaire au 15° régiment d'artillerie à Douai, partit en Australie se rendre compte des marchés de laine qui commençaient à y prendre une certaine importance. De retour à Tourcoing, il entra dans la maison Masurel fils, dont il devint plus tard l'un des associés.

Émile Masurel a six enfants :
MASUREL, Marguerite (490).
MASUREL, Ernest (491).
MASUREL, Marie-Louise (492).
MASUREL, Jeanne (493).
MASUREL, Emilie (494).
MASUREL, Marcelle (495).

Masurel

r.

Marguerite

490. MASUREL, Marguerite, fille d'Emile Masurel (489), et de Marguerite Bossut, née à Roubaix, le 13 juin 1885, baptisé à Saint-Martin, le lendemain. Parrain : Henri Bossut, son grand-père ; marraine : Madame Ernest Masurel, sa grand' mère.

Masurel

r.

Ernest

491. MASUREL, Ernest, fils d'Emile Masurel (489) et de Marguerite Bossut, né à Roubaix, le 9 octobre 1886, baptisé à Saint-Martin. Parrain : Albert Masurel, son oncle ; marraine : Madame Henry Bossut, sa grand'mère.

Masurel

r.

Marie - Louise

492. MASUREL, Marie-Louise, fille d'Emile Masurel (489) et de Marguerite Bossut, née à Roubaix, le 13 mars 1890, baptisée à Saint-Martin. Parrain : Henry Bossut-Bollaert, son oncle ; marraine : Madame Jules Masurel, sa grand'tante.

Masurel

r.

Jeanne

493. MASUREL, Jeanne, fille d'Émile Masurel (489) et de Marguerite Bossut, née à Roubaix, le 10 décembre 1888, baptisée à Saint-Martin. Parrain : Albert Heyndrichx, son oncle ; marraine : Madame Emile Bossut, sa tante. Décédée le 8 août 1892, à l'âge de 3 ans et 8 mois.

Masurel

r.

Émilie

494. MASUREL, Émilie, fille d'Émile Masurel (489) et de Marguerite Bossut, née à Roubaix le 17 janvier 1893, baptisée à Saint-Martin. Marraine : Madame FélixProuvost; parrain : Maurice Bossut, son oncle.

Masurel

r.

Marcelle

495. MASUREL, Marcelle, fille d'Émile Masurel (489) et de Marguerite Bossut, née à Roubaix le 11 juin 1897, baptisée église Saint-Jean-Baptiste. Parrain : Émile Bossut, son oncle ; marraine : Madame Albert Heyndrichx, sa tante.

Wattinne-Masurel

p.

Pauline - Julienne - Joseph

496. MASUREL, Pauline-Julienne-Joseph, fille de François-Joseph Masurel et de Pauline-Julienne Dervaux (474), naquit à Tourcoing, le 17 août 1831, fut baptisée le même jour, à l'église Saint-Jacques, et eut pour parrain : Pierre Destombes, son cousin germain, et pour marraine : Catherine Tiberghien, sa grand'mère maternelle.

Le 3 février 1850, elle épouse à Tourcoing, Paul-Henri-Joseph WATTINNE, né à Tourcoing, le 19 avril 1822, baptisé à Saint-Jacques, fils de Louis-Joseph et d'Augustine-Joseph Dervaux, décédé négociant en laines à Tourcoing, le 25 janvier 1863, et inhumé dans le caveau de la famille, au cimetière de Tourcoing.

Six enfants :

WATTINNE, Hortense (497).

WATTINNE, Charles-Jules-Joseph (498).

WATTINNE, Charles-Paul-Joseph (499).

WATTINNE, Paul-Henri-Joseph (500).

WATTINNE, Pauline-Anne-Marie (505).

WATTINNE, Camille-Charlotte-Rose (509).

Wattinne

q.

Hortense

497. WATTINNE, Hortense - Pauline - Joseph, fille des époux Paul Wattinne-Masurel, née à Tourcoing, le 6 mars 1852, baptisée à Notre-Dame. Parrain : Son oncle, Louis-Joseph Wattinne - Bossut, de Roubaix ; marraine : Sa tante, Madame François Masurel. Décédée le 1er février 1859 ; inhumée à Tourcoing, dans le caveau de la famille.

Wattinne

q.

Charles-Jules-Joseph

498. WATTINNE, Charles - Jules - Joseph, fils des époux Paul Wattinne - Masurel, né à Tourcoing, le 11 janvier 1861, baptisé à Notre-Dame. Parrain : Son oncle, Jules Masurel-Wattinne ; marraine : Sa cousine, Élise Watine, femme Emile Duvillier ; décédé à Tourcoing, le 8 janvier 1862. Inhumé dans le caveau de la famille.

Wattinne

q.

Charles-Paul-Joseph

499. WATTINNE, Charles - Paul - Joseph, fils des époux Paul Wattinne-Masurel, né à Tourcoing le 15 mars 1862, baptisé à Notre-Dame. Parrain : son oncle, Masurel-Lefebvre; marraine : Clémence Wattinne, épouse de Joseph Watine, de Roubaix.

Wattinne-Delespierre

q.

Paul-Henri-Joseph

500. WATTINE, Paul-Henri-Joseph, fils des époux Paul Wattinne-Masurel, né à Tourcoing, le 12 novembre 1850, baptisé à Notre-Dame. Parrain : François-Joseph Masurel, son grand-père ; marraine : Laurente Wattinne, femme de Jules Desurmont, sa tante ; marié à Tourcoing, le 28 mai 1873, avec Marie - Julie - Joseph DELESPIERRE, née à Tourcoing, le 20 janvier 1852, baptisée à St-Christophe. Parrain Jean-Baptiste Prouvost, brasseur, son grand-oncle ; marraine : Madame Louis Delespierre, sa grand'tante ; du mariage de Pierre-Antoine et de Stéphanie Desplechin. Contrat de mariage reçu par Me Bigo, notaire à Tourcoing.

Il mourut négociant en laines à Tourcoing, le 23 mai 1896 et est inhumé dans le caveau de sa famille, au cimetière de Tourcoing.

Quatre enfants :

WATTINNE, Paul (501).

WATTINNE, Marie-Thérèse (502).

WATTINNE, Marie-Pauline-Joseph (503).

WATTINNE, Paul (504).

Wattinne

r.

Paul

501. WATTINNE, Paul, fils des époux Wattinne-Delespierre (500), né à Tourcoing, le 25 mars 1874, baptisé à Notre-Dame. Parrain : Son grand-père maternel, Pierre Delespierre ; marraine : Madame Paul Wattinne, sa grand'mère paternelle. Décédé à Tourcoing, le 12 mars 1876, inhumé au cimetière de cette ville dans le caveau de la famille Paul Wattinne-Masurel.

Wattinne

r.

Marie-Thérèse

502. WATTINNE, Marie — Thérèse, fille des époux Wattinne - Delespierre, (500) née à Tourcoing le 14 mai 1875, baptisée à Notre-Dame. Parrain : Charles Wattinne-Jonglez, son grand-oncle ; marraine : Pauline Wattinne, sa tante. Décédée à Tourcoing le 31 mai 1875, inhumée dans le même caveau.

Wattinne

r.

Marie-Pauline-Joseph

503. WATTINNE, Marie-Pauline-Joseph fille des époux Wattinne-Delespierre (500), née à Tourcoing, le 30 décembre 1876, baptisée à Notre-Dame. Parrain : Pierre Delespierre, son grand'père ; marraine : Madame Paul Wattinne, sa grand'mère, Religieuse au monastère de Notre-Dame-des-Anges sous le nom de Sœur Marie-des-Anges.

Wattinne

r.

Paul

504. WATTINNE, Paul, fils des époux Wattinne-Delespierre (500), né à Tourcoing le 28 octobre 1878, baptisé à Notre-Dame. Parrain : Alexandre Vinchon, décédé à la catastrophe de Saint-Gervais; marraine: Pauline Wattinne, femme d'Émile Rasson, tanto.

Rasson–Wattinne

q.

Pauline - Anne - Marie

505. VATTINNE, Pauline-Anne-Marie, fille des époux Paul Wattinne-Masurel (p. 496), née à Tourcoing, le 12 août 1855, baptisée église Notre-Dame. Parrain : François Masurel-Pollet, son oncle; marraine : Madame Louis Delobel-Wattinne, sa tante; mariée à Tourcoing, le 15 octobre 1875, avec Emíle RASSON, né à Tourcoing, le 20 septembre 1850, du mariage d'Edouard Rasson et de Louise Duprez, baptisé à Notr-Dame. Parrain : Jules Wattel, son cousin ; marraine : Mademoiselle Julie Duprez, sa tante ; fils d'Edouard et de Louise Duprez ; Madame Emile Rasson-Wattinne est décédée à Tourcoing, le 27 août 1879, inhumée au caveau de la famille Wattinne-Masurel.

Deux enfants :

RASSON, Pauline-Emilie (506).

RASSON, Emile (508).

Joire–Rasson

r.

Pauline - Emilie

506. RASSON, Pauline – Emilie, née à Roubaix, le 12 août 1876, baptisée à Saint-Martin. Parrain : Edouard Rasson, son grand-père ; marraine : Madame Paul Wattinne,

sa grand'mère ; mariée à Tourcoing, le 8 avril 1896 à Alexandre
JOIRE, fils d'Alexandre et de Caroline Réquillard, né à
Bondues, le 30 août 1871. Parrain : Henri Joire, son oncle ;
marraine : Madame Wattinne-Dazin, sa bisaïeule. Contrat de
mariage devant Mᵉ Duchange, notaire à Roubaix.

Un enfant :

JOIRE, Geneviève (507).

Joire

s.

Geneviève

507. JOIRE, Geneviève, est née de ce mariage, le 9 juin 1897 ;
elle fut baptisée à Tourcoing. Parrain : Alexandre Joire,
son grand-père ; marraine : Madame Emile Rasson, sa
grand'mère.

Rasson

r.

Emile

508. RASSON, Emile, fils des époux Rasson-Wattinne (505),
né à Roubaix le 19 septembre 1877, baptisé à Saint-Martin.
Parrain : Paul-Henri-Joseph Wattinne, son oncle ; marraine :
Madame Rasson-Duprez, sa grand'mère.

Emile Rasson demeure à Tourcoing, rue Nationale ; il est
licencié ès-lettres.

Rasson-Wattinne

q.

Camille - Charlotte - Rose

509. WATTINNE, Camille - Charlotte - Rose, fille des
époux Paul Wattinne-Masurel (496), née à Tourcoing, le
28 septembre 1857, baptisée à Notre-Dame. Parrain : Charles

Wattinne-Jonglez, son oncle ; marraine : Madame Ernest
Masurel-Pollet, sa tante ; épousa à Tourcoing, le 29 septembre
1881, Emile RASSON , (505) susnommé , veuf de Pauline-
Anne-Marie Wattinne, sa sœur.

Un enfant :

RASSON , Camille (510).

Émile Rasson est associé depuis 1880 à la maison Félix
Vanoutryve et Cⁱᵉ, dans laquelle, à sa fondation, son père
Monsieur Édouard Masson-Duprez, était intéressé.

Rasson

r.

Camille

510. RASSON, Camille, fille d'Emile et de Camille-
Charlotte Wattinne, née à Tourcoing, le 13 novembre 1882,
baptisée à Saint-Christophe, le 14 novembre 1882. Parrain :
Edouard Rasson-Duchange, son oncle ; marraine : Madame
Paul Wattinne-Masurel, sa grand'mère.

Masurel-Réquillart-Martinez

p.

Paul-Victor

511. MASUREL, Paul-Victor, fils de François-Joseph
Masurel (474) et de Pauline-Julienne Dervaux, naquit à Tourcoing, le 18 février 1835 y fut baptisé église Saint-Jacques.

Il épousa en premières noces, le 31 mars 1856, Léonie-
Euphrosine RÉQUILLART, fille d'Ernest et d'Euphrosine
Wattinne, décédée à Tourcoing, le 2 mars 1857, inhumée dans
le caveau de la famille Ernest Réquillart, au cimetière de
Tourcoing.

Se remaria, le 27 janvier 1874, à Rosalie MARTINEZ, née
à Elche (Espagne), le 28 mars 1847, baptisée à Elche, église
Santa-Maria, fille de Jean et de Marie-Antoinette Guiles.

Et mourut à Oran, le 28 septembre 1892, où il fut inhumé
au cimetière de Tamazouet.

D'abord fabricant à Roubaix, il s'installa, vers 1860, dans la province d'Oran, où il exploitait une vaste propriété qu'il avait acquise et à laquelle il donna un développement considérable.

Quatre enfants :

MASUREL, Victor (512).

MASUREL, Victor (513).

MASUREL, Jean-Georges (514).

MASUREL, Marguerite (515).

Masurel

q.

Victor

512. MASUREL, Victor, né à Tourcoing, le 5 janvier 1857, du premier mariage de Paul-Victor Masurel (511), baptisé à Saint-Christophe. Parrain : Ernest Réquillart, son grand'père ; marraine : Madame Paul Wattinne-Masurel, sa tante, décédé à Tourcoing, le 30 mars 1857.

Masurel

q.

Victor

513. MASUREL, Victor, fils des époux Masurel - Martinez (511), né à El Ançore, le 31 mai 1875, du deuxième mariage, baptisé à Bous-Fer. Parrain : Joseph Bouty ; marraine : Rosalie Diego ; marié à Carthagène, le 12 novembre 1898, à Lucie ANTONY.

Masurel

Jean - Georges

q.

514. MASUREL, Jean - Georges, fils des époux Masurel-Martinez (511), né à El Ançor, le 27 mai 1877, du deuxième mariage, baptisé à Bous-Fer. Parrain : Emile Nicolas ; marraine : Victorine Smett, décédé à Oran, le 2 mars 1886, inhumé dans le cimetière Tamazouet.

Masurel

Marguerite

q.

515. MASUREL, Marguerite, née à Oran le 10 août 1879, du deuxième mariage Masurel-Martinez, baptisée à Bous-Fer. Parrain : Victor Masurel, son frère ; marraine : Marie Bastide.

Masurel-Wattinne

Jules - Paul - Joseph

p

516. MASUREL, Jules-Paul-Joseph, fils de François-Joseph Masurel (474) et de Pauline-Julienne Dervaux, né à Tourcoing, le 12 avril 1841. Parrain : Ernest Masurel, son frère ; marraine : Madame Paul Wattinne-Masurel, sa sœur ; épousa, le 23 avril 1862, Pauline-Adèle-Victoire WATTINNE, née le 13 mai 1843, à Roubaix, du mariage de Louis et de Pauline Bossut, baptisée église Saint-Martin. Parrain : Victor Wattinne ; marraine : Madame Motte-Bossut.

Il est négociant en laines à Roubaix, demeure à Mouvaux dans une maison de campagne dont le jardin est très remarquable par de grands vallonnements ; M. Jules Masurel, est, avec M. Emile Masurel, son neveu et associé, le continuateur actuel de la maison Masurel fils, que les comptoirs.

de Londres, d'Australie et de la Plata ont développée à ce
point d'en faire une des maisons de laine les plus importantes
de l'Europe.

Cinq enfants :

MASUREL, Jules-Paul-Joseph (517).

.MASUREL, Jules-Paul-Joseph (518).

MASUREL, Pauline (519).

MASUREL, Marguerite-Pauline-Marie (520).

MASUREL, Louise-Lucie-Julie (527).

Masurel

Jules - Paul - Joseph

q.

517. MASUREL, Jules-Paul - Joseph, fils des époux
Masurel - Wattinne (516), né à Roubaix, le 21 février 1863,
baptisé et décédé le même jour, inhumé à Roubaix dans le
caveau de la famille Wattinne-Bossut.

Masurel

Jules - Paul - Joseph

q

518. MASUREL, Jules - Paul - Joseph, fils des époux
Masurel-Wattinne, (516) né à Roubaix, le 26 octobre 1874,
baptisé le surlendemain à Notre-Dame de Roubaix. Parrain :
Ernest Masurel ; marraine : Maria Wattinne, femme Charles
Huet.

Jules Masurel fils, à la fin de ses études, et après son année
de service militaire, a fait plusieurs grands voyages hors
d'Europe, et notamment en Australie et dans la République
Argentine, où la maison Masurel fils a d'importants comptoirs.

Masurel

q.

Pauline

519. MASUREL, Pauline, fille des époux Masurel-Wattinne (516), née à Roubaix le 26 mars 1880, baptisée le même jour à Roubaix. Parrain : Paul Masurel-Lefebvre ; marraine : Madame Louis Wattinne-Hovelacque, qui est morte à Paris, le 2 novembre 1888, à l'âge de 43 ans.

Vanoutryve-Masurel

q.

Marguerite - Pauline - Marie

520. MASUREL, Marguerite - Pauline - Marie, fille des époux Jules Masurel-Wattinne (516) née à Roubaix, le 12 juin 1866, baptisée à Notre-Dame. Parrain : François Masurel, son oncle ; marraine : Madame Wattinne-Bossut, son aïeule. Mariée à Mouvaux, église Saint-Germain, le 23 septembre 1884, avec M. Auguste VANOUTRYVE, né à Roubaix, le 29 août 1859, fils de Félix et de Mélanie Dufermont, baptisé à Saint-Martin. Parrain : Louis Dufermont, son aïeul ; marraine : Madame Vanoutryve-Desbarbieux, sa grand'tante. Contrat de mariage reçu par M᷄ᵉˢ Duthoit et Duchange, notaires à Roubaix, le 20 septembre 1884.

Auguste Vanoutryve commença ses études au collège de Roubaix et les termina à Arcœil. A son mariage il fut associé à l'importante Maison Félix Vanoutryve et Cⁱᵉ, fondée par son père en 1860, pour la fabrication des tissus d'ameublement.

Six enfants :
VANOUTRYVE, Félix-Paul-Auguste (521).
VANOUTRYVE, Marguerite-Mélanie-Julie (522),
VANOUTRYVE, Louise-Marie (523).
VANOUTRYVE, Lucie-Louise-Julie (524).
VANOUTRYVE, Félicie-Pauline-Marie (525).
VANOUTRYVE, Madeleine (526).

Vanoutryve

r.

Félix-Paul-Auguste

521. VANOUTRYVE, Félix-Paul-Auguste, né et baptisé à Roubaix, le 30 juin 1885. Parrain : Félix Vanoutryve-Dufermont, son aïeul ; marraine : Madame Jules Masurel-Wattinne, son aïeule.

Vanoutryve

r.

Marguerite - Mélanie - Julie

522. VANOUTRYVE, Marguerite - Mélanie - Julie, née à Roubaix, le 26 février 1887, baptisée à Notre-Dame. Parrain : Jules Masurel-Wattinne, son aïeul ; marraine : Madame Félix Vanoutryve-Dufermont, son aïeule.

Vanoutryve

r.

Louise - Marie

523. VANOUTRYVE, Louise - Marie, née à Roubaix, le 25 août 1889, baptisée église Notre-Dame. Parrain : Louis Dufermont-Raisson, son grand-oncle ; marraine : Madame Paul Prouvost-Masurel, sa tante.

Vanoutryve

r.

Lucie - Louise - Julie

524. VANOUTRYVE, Lucie - Louise - Julie, née à Roubaix, le 8 août 1891, baptisée à Notre-Dame. Parrain : Jules Masurel fils, son oncle ; marraine : Madame Jules Delchambre-Dufermont, sa grand'tante.

Vanoutryve

Marie-Félicie-Pauline   r.

525. VANOUTRYVE, Marie - Félicie - Pauline, née à
Roubaix, le 26 décembre 1893, baptisée à Notre-Dame. Parrain :
Félix Vanoutryve-Masurel, son frère ; marraine : Pauline
Masurel, sa tante.

Vanoutryve

Madeleine   r.

526. VANOUTRYVE, Madeleine, née à Roubaix,
le 3 octobre 1898, baptisée à Notre-Dame. Parrain : Paul
Prouvost -- Masurel, son oncle ; marraine : Marguerite
Vanoutryve, sa sœur.

Prouvost-Masurel

Louise - Lucie - Julie   q.

527. MASUREL, Louise - Lucie - Julie, née à Roubaix,
le 16 septembre 1868, baptisée à Notre-Dame. Parrain : Gustave
Wattinne, son oncle ; marraine : Madame Paul Wattinne-
Masurel, sa tante ; épousa à Mouvaux, église Saint-Germain,
le 22 mai 1888, Paul - Laurent - Joseph PROUVOST, né à
Roubaix, le 7 avril 1866, fils de Paul et de Laurence Ghesquières, baptisé à Notre-Dame. Parrain : Gervais Ghesquières,
aïeul ; marraine : Madame Henri Prouvost, sa grand'mère.
Contrat de mariage devant Mᵉ Duthoit, notaire à Roubaix,
du 19 mai 1888.

Paul Prouvost fit ses études chez les pères Jésuites à
Boulogne, puis à Cantorbery ; il fut reçu bachelier ès-lettres
et ès-sciences. Il est fabricant de tissus à Roubaix et il habite
Mouvaux depuis 1898.

Trois enfants :
PROUVOST, Paul-Antoine-Louis-Joseph (528).
PROUVOST, Germaine (529).
PROUVOST, Eugène-Maurice-Antoine-Joseph (530).

Prouvost

r.

Paul - Antoine - Louis - Joseph

528. PROUVOST, Paul - Antoine - Louis - Joseph, né le 12 juillet 1891. Parrain : Paul Prouvost-Ghesquier, son grand-père ; marraine : Madame Jules Masurel, sa grand'mère.

Prouvost

r.

Germaine

529. PROUVOST, Germaine née à Roubaix, le 29 mars 1893. Parrain : Jules Masurel-Wattinne, aïeul ; marraine : Laurence Ghesquière, femme Paul Prouvost.

Prouvost

r.

Eugène-Maurice-Antoine-Joseph

530. PROUVOST, Eugène - Maurice -- Antoine - Joseph, né à Roubaix, le 31 juillet 1895, baptisé à Saint - Martin. Parrain : Maurice Prouvost, son oncle ; marraine : Marguerite Masurel, femme Vanoutryve, sa tante.

Masurel—Lefebvre

p.

Paul-Joseph

531. MASUREL. Paul-Joseph, fils de François-Joseph Masurel (474) et de Pauline-Julienne Dervaux, né à Tourcoing, le 26 mai 1842 ; baptisé le lendemain dans l'église St-Jacques. Parrain : François Destombes, son cousin germain ; marraine : Madame Alexandre Dervaux, sa tante ; épousa à Roubaix, le 15 janvier 1866, Zoé-Rose-Marie LEFEBVRE, née à Roubaix

le 30 août 1847, fille de Henry et de Zoé Mathon ; baptisée à
Notre-Dame. Parrain : Lepers-Delebecque, son bisaïeul ; marraine : Madame Lefebvre-Ducatteau, sa grand'mère. Contrat
de mariage devant M⁰ Cottignies, notaire à Roubaix, en
janvier 1866.

Paul Masurel fit ses études dans les collèges de Jésuites à
Brugelette et Amions, puis alla faire un séjour assez long en
Angleterre et en Allemagne et revint à Roubaix pour s'y
marier, et entrer comme associé dans la maison Masurel fils,
où il s'occupa plus particulièrement de la filature de coton.
En 1881, il se retira des affaires, et s'intéressa dans diverses
entreprises d'élevage de moutons dans la République Argentine
et en Australie, où il alla faire un séjour assez prolongé,
actuellement il est rentier et demeure à Roubaix, dans sa
maison de campagne, à Barbieux.

Quatre enfants :
MASUREL, Laure (532).
MASUREL, Paul (533).
MASUREL, Zoé-Pauline-Henriette (534).
MASUREL, Madeleine-Zoé-Léonie-Béatrix (539).

Masurel

Laure   q.

532. MASUREL, Laure, fille des époux Masurel-Lefebvre
(531), née à Roubaix, le 13 octobre 1866, baptisée à Notre-Dame
le 14 octobre 1866. Parrain : son oncle, François Masurel-
Pollet ; marraine : sa grand'mère, Madame Henri Lefebvre ;
décédée à Roubaix, le 19 juillet 1881. Inhumée au cimetière
de Roubaix, dans le caveau de la famille.

Masurel

Paul   q.

533. MASUREL, Paul, fils des époux Masurel-Lefebvre (531),
né à Roubaix, le 10 mai 1881 ; baptisé église Saint-Joseph.
Parrain : Charles Droulers-Prouvost, ami ; marraine : Madame
Jules Masurel, sa tante.

Florin-Masurel

q.

Zoé-Pauline-Henriette

534. MASUREL, Zoé-Pauline-Henriette, fille des époux Masurel - Lefebvre (531), née à Roubaix, le 4 août 1869; baptisée à Notre - Dame, le lendemain. Parrain : Edmond Lefebvre, son oncle ; Madame Paul Watline, sa tante ; mariée à Roubaix, le 28 novembre 1888, à Georges-Jules-Auguste FLORIN, fils d'Auguste et de Marie Delaporte, né à Roubaix, le 2 avril 1864, baptisé à Notre-Dame. Parrain : Jules Maugrez ; marraine : Madame Florin-Ribeaucourt, sa grand'mère. Contrat de mariage reçu devant M⁰ Vahé, notaire à Roubaix, en novembre 1888.

Georges Florin, fit ses études au collège Stanislas à Paris, où il fut reçu bachelier. Il alla en suite faire un séjour en Allemagne et en Angleterre, et revint en France pour y faire son volontariat au 19ᵉ chasseurs à cheval, en garnison à Lille. Il se maria ensuite, et entra comme associé dans la maison de son père, Auguste Florin, fabricant de tissus. A la mort de ce dernier, il continua à gérer la maison en association avec son frère.

Quatre enfants :

FLORIN, Georges-Paul-Auguste (535).
FLORIN, Suzanne (536).
FLORIN, Madeleine-Germaine (537)
FLORIN, Robert (538).

Florin

r.

Georges-Paul-Auguste

535. FLORIN, Georges-Paul-Auguste, né à Roubaix le 14 février 1890 ; baptisé à Notre-Dame, le surlendemain. Parrain : Auguste Florin, son grand-père ; marraine : Madame Paul Masurel, sa grand'mère.

Florin

r.

Suzanne

536. FLORIN, Suzanne, née à Roubaix, le 3 décembre 1891 ; baptisée le 5 à Notre-Dame. Parrain : son grand-père, Paul Masurel ; marraine : Marie Delaporte, sa grand'mère.

Florin

r.

Madeleine-Germaine

537. FLORIN, Madeleine - Germaine, née à Roubaix, le 13 août 1893 ; baptisée le 15, église Notre-Dame. Parrain : son oncle, Auguste Florin ; marraine : Madeleine Masurel, sa tante.

Florin

r.

Robert

538. FLORIN, Robert, né à Roubaix, le 11 août 1896; baptisé le 13, à Saint-Joseph. Parrain : Paul Masurel, son oncle ; marraine : sa tante, Antoinette Vernier-Florin.

Lorthiois-Masurel

q.

Madeleine-Zoé-Léonie-Béatrix

539. MASUREL. Madeleine-Zoé-Léonie-Béatrix, fille des époux Masurel-Lefebvre (531), née à Roubaix, le 22 juin 1874 ; baptisée le lendemain, église Notre - Dame. Parrain : son oncle, Léon Lefebvre ; marraine : sa cousine, Madame Émile Bossut ; épousa le 22 novembre 1893 , Joseph-

Jean-Baptiste-Marie LORTHIOIS, né à Tourcoing, le 14 avril
1869 , de Floris Lorthiois et de Céline Motte ; baptisé à
Saint-Christophe. Parrain : son oncle , Jean-Baptiste Desurmont ; marraine : sa grand'mère, Madame Lorthiois-Van-
dooren. Contrat de mariage reçu par Mᵉ Vahé, notaire, à
Roubaix, en novembre 1893.

Joseph Lorthiois fit ses études à Tourcoing, puis dans un
collège de Jésuites à Cantorbery. Son père, Monsieur Floris
Lorthiois, grand négociant en laines, le mit de bonne heure
aux affaires ; et après qu'il eut fait son volontariat dans un
régiment d'artillerie à Douai, il l'envoya deux années consé-
cutives en Australie, pour y faire des achats de laine. A son
retour, il se maria, et entra comme associé dans la maison de
son père. Il habite Roubaix, rue Inkermann.

Un enfant :

LORTHIOIS , André-Joseph-Félix (540).

Lorthiois

André-Joseph-Floris

r.

540. LORTHIOIS, André-Joseph-Floris, né à Roubaix, le
11 novembre 1894, baptisé à l'église du Saint - Sépulcre.
Parrain : Floris Lorthiois - Motte, son grand-père, ; marraine :
Madame Paul Masurel, sa grand'mère.

MASUREL-POLLET

FRANÇOIS-JOSEPH

Masurel—Pollet

François - Joseph

(8ᵉ Génération)

541. MASUREL, François-Joseph, fils aîné de François-Joseph Masurel (474) et de Pauline-Julienne Dervaux, né à Tourcoing le 9 octobre 1826 ; baptisé à l'église Saint-Jacques. Parrain : Pierre Destombes-Masurel, raffineur, son oncle ; marraine : Madame Henri Desurmont - Dervaux, sa tante ; épousa à Roubaix, le 20 octobre 1851, Joséphine-Catherine POLLET, née à Tourcoing, rue de la Cloche, le 20 mai 1832, décédée à Tourcoing, le 24 février 1868, fille de Joseph Pollet et de Catherine Pollet ; contrat de mariage devant Mᵉ Cottignies notaire à Roubaix, 20 octobre 1851.

M. François Masurel-Pollet, négociant en laines, associé de la maison Masurel fils de Tourcoing, conseiller municipal, membre de la Chambre de commerce, administrateur de la succursale de la banque de France de Roubaix-Tourcoing, président de la Société de Géographie de Tourcoing, président du Tribunal de Commerce de Tourcoing, est maintenant rentier, rue de Lille, Nº 83, à Tourcoing.

Six enfants :

MASUREL, Marie-Claire-Léonie-Joseph (542).

MASUREL, Joséphine (543).

MASUREL, Pauline-Marie-Joseph (545).

MASUREL, Edmond-Jules-Joseph (553).

MASUREL, Eugène-Paul-Joseph (555).

MASUREL, François-Victor-Joseph (560).

Masurel

q.

Marie-Claire-Léonie-Joseph

542. MASUREL, Marie - Claire - Léonie - Joseph, fille des époux François Masurel - Pollet (541), née à Tourcoing le 20 février 1868, baptisée à Notre-Dame. Parrain : Charles Pollet, son oncle ; marraine : Pauline Masurel, sa sœur ; décédée le 25 décembre 1851.

Wattinne-Masurel

q.

Joséphine

543. MASUREL, Joséphine, fille des époux Masurel-Pollet (541), née à Tourcoing le 12 août 1852, baptisée à Notre-Dame. Parrain : Ernest Masurel, son oncle ; marraine : Madame Joseph Pollet, sa grand'mère ; épousa à Tourcoing le 30 avril 1873, Albert WATTINNE, né à Roubaix lo 27 avril 1852, baptisé à Saint - Martin. Parrain : Gustave Wattinne son frère ; marraine : Madame Bossut-Delaoutre, sa tante, fils de Louis et de Pauline Bossut, décédé à Auchy-lez-Hesdin, le 12 octobre 1894. Le contrat de mariage a été reçu par Mᵉ Bigo, notaire à Tourcoing, le 26 avril 1873.

La filature de coton, qu'Albert Wattinne a dirigée pendant plus de vingt ans, occupait la plus grande partie de la population d'Auchy-lez-Hesdin dont il a toujours été le bienfaiteur.

Après sa mort son épouse a exécuté, pour y perpétuer sa mémoire, le désir exprimé par lui de fonder un hospice pour les malheureux. Cet hospice a été inauguré le 26 mai 1896 et porte le nom de Saint-Albert.

Les époux Wattinne-Masurel eurent un enfant :

WATTINNE, Marie (544).

Wattinne

r.

Marie

544. WATTINNE, Marie, fille d'Albert Wattinne et de Joséphine Masurel, née à Auchy le 9 mars 1874, morte quatre jours après.

Ternynck-Masurel

q.

Pauline - Marie - Joseph

545. MASUREL, Pauline-Marie-Joseph, fille de François-Joseph Masurel (541) et de Joséphine-Catherine Pollet, née à Tourcoing le 20 mai 1854, baptisée à Notre-Dame. Parrain : Joseph Pollet, aïeul ; marraine : Madame Paul Wattinne-Masurel, tante ; elle épousa à Tourcoing le 5 juillet 1873, Henry-Félix-Louis TERNYNCK, né à Roubaix, le 2 novembre 1847. Parrain : Félix Ternynck, aïeul ; marraine : Louise Deffrenne - Desaint, aïeule, du mariage d'Henry - Xavier Ternynck et de Pauline-Cécile Defrenne ; leur contrat de mariage a été passé devant Me Bigo, notaire à Tourcoing.

Henry Ternynck-Masurel, officier de mobiles à l'armée du Nord du 12 novembre 1870 au 23 septembre 1871 ; sous-lieutenant de réserve de cavalerie au 19e chasseurs en 1875, lieutenant de cavalerie territoriale en 1878, juge au Tribunal de Commerce de Roubaix 1879-1891, président de ce tribunal de 1893 à 1898, vice-président du Comité lainier, président de la Chambre arbitrale de liquidation, administrateur des Hospices, censeur de la Banque de France, président de l'Association des Dames françaises (société de secours aux blessés) vice-président de la Société industrielle et commerciale de Roubaix ; exposant en 1889, médaille d'or ; exposant à Moscou en 1891 et à Chicago en 1893 ; fonda une grande industrie à Roubaix en 1896 ; exposant à Bruxelles en 1897

où il est nommé membre du jury, hors concours ; Chevalier
de la Légion d'Honneur le 1ᵉʳ janvier 1898.

Cinq enfants :

TERNYNCK, Henry-François-Paul (546).

TERNYNCK, Georges-Edmond-Paul (547).

TERNYNCK, Jeanne-Françoise-Pauline (548).

TERNYNCK, Albert-Félix-Jean (549).

TERNYNCK, Pauline-Henriette-Joséphine (550).

Ternynck

r.

Henry - François - Paul

546. TERNYNCK, Henry-François-Paul, fils de Ternynck-
Masurel (545), né à Roubaix le 13 juin 1874, baptisé église
Notre-Dame. Parrain : François Masurel, aïeul ; marraine :
Pauline Ternynck-Defrenne, aïeule.

Ternynck

r.

Georges - Edmond - Paul

547. TERNYNCK, Georges - Edmond - Paul, fils de
Ternynck - Masurel (545), né à Roubaix le 10 août 1877,
baptisé église Notre-Dame. Parrain: Edmond Ternynck, oncle;
marraine : Pauline Masurel-Wattinne, grand'tante.

Ternynck

r.

Jeanne - Françoise- Pauline

548. TERNYNCK, Jeanne - Françoise - Pauline, fille de
Ternynck-Masurel (545), née à Roubaix le 20 janvier 1885.
Parrain : François Masurel ; marraine : Pauline Ternynck.

Ternynck

r.

Albert - Félix - Jean

549. TERNYNCK, Albert-Félix-Jean, fils de Ternynck-Masurel (545), né à Roubaix le 23 octobre 1888, baptisé à St-Martin. Parrain : Félix Ternynck, oncle ; marraine : Jeanne Masurel-Baratte, tante.

Huet—Ternynck

r.

Pauline - Henriette - Joséphine

550. TERNYNK, Pauline - Henriette - Joséphine, fille de Ternynck-Masurel (545), née à Roubaix, le 2 novembre 1875, baptisée à Notre-Dame. Parrain : Henri Ternynck, aïeul ; marraine : Joséphine Masurel, tante. Épousa à Roubaix le 31 juillet 1894 André-Charles-Eugène HUET, né à Lille, de Charles-Pierre-François Huet et de Marie-Pauline Wattinne le 20 mai 1871, baptisé à Saint-Maurice. Parrain : Eugène Wattinne, oncle ; marraine : Mme Jules Masurel-Wattinne, tante. Contrat de mariage devant Me Vahé, notaire à Roubaix du 29 juillet 1894.

Deux enfants :
HUET, Marcelle-Henriette-Marie (551)
HUET, André-Charles-Paul (552).

Huet

s,

Marcelle - Henriette - Marie

551. HUET, Marcelle - Henriette - Marie, fille d'Huet-Ternynck (550), née à Roubaix le 26 août 1895, baptisée église Saint-Martin. Parrain : Henri-Félix-Louis Ternynck, grand-père ; marraine : Maria Huet-Wattinne, aïeule.

Huet

André-Charles-Paul   S.

552. HUET, André-Charles-Paul, fils d'Huet-Ternynck (550),
né à Roubaix le 16 février 1897, baptisé à Saint - Martin.
Parrain : Charles Huet, oncle ; marraine : Pauline Ternynck-
Masurel, aïeule.

Masurel-Baratte

Edmond - Jules - Joseph   q.

553. MASUREL, Edmond-Jules-Joseph, fils des époux
François Masurel-Pollet (541), né à Tourcoing, le 30 mars 1857,
baptisé à Saint-Jacques. Parrain : Jules Masurel, son oncle ;
marraine : Lepoutre-Pollet, sa tante, épousa à Templeuve
(France), le 26 septembre 1882, Jeanne-Antoinette-Pauline
BARATTE, fille d'Eugène et de Julie Roussel, née à Bruges
(Belgique), le 30 mars 1863, baptisée à Sainte -Walbruge.
Parrain : Achille Roussel-Cauliez, son grand-oncle maternel ;
marraine : Antoinette Druon - Baratte, sa tante paternelle.
Contrat de mariage reçu par M⁰ Dorchies, notaire à Templeuve
(France), le 10 septembre 1882.

Edmond Masurel commença ses études au collège de
Tourcoing et les termina en 1875 au collège de la Providence
à Amiens. Reçu bachelier à Douai, il passa ensuite un an en
Angleterre et rentra en France pour y faire, en qualité de
volontaire, son année de service militaire, de 1876 à 1877, au
16ᵉ dragons à Cambrai. Il résida à Mulhouse durant une année
pour y apprendre la construction mécanique, à la Société
Alsacienne, se préparant ainsi à diriger, avec son frère François la filature de laines, commandée à cette Société. Il visita
l'Algérie en 1880, l'Amérique du Nord en 1882. Après son
mariage, il se fixa à Mouveaux en novembre 1882, et entra
comme associé dans la maison François Masurel frères, pour
s'occuper spécialement de la partie mécanique. Sous sa direction se bâtit l'usine des Francs, qu'il agrandit successivement
suivant ses plans. Il inventa un séchoir mécanique, un nouvel

appareil à teindre, breveté en France, en Allemagne et en
Amérique, et en 1899 un automobile « La Pétrolectrique »,
breveté en France. Il revint se fixer à Tourcoing, 22, Grande
Place, le 4 septembre 1888.

Edmond Masurel fut nommé successivement :

Délégué de la Société Industrielle du Nord de la France ;

Président de la Société Nationale des Crick-Sicks, en 1890 ;

Membre délégué de la Chambre de Commerce de Tourcoing,
au Congrès des Arts décoratifs à Paris, le 15 mai 1894 ;

Membre du Conseil d'Administration de l'École Industrielle
de Tourcoing en 1895 ;

Membre du Comité d'Admission de l'Exposition en 1900,
pour la classe 82 (ex 81) du groupe XIII, le 7 octobre 1897 ;

Membre du Conseil de Fabrique de la Paroisse Notre-Dame
à Tourcoing, en 1898 ;

Conseiller du Commerce extérieur de la France, le 21 mai 1898;

Membre du Comité de la Société de Géographie, section de
Tourcoing, en 1899 ;

Président du Consortium des filateurs de laine, en 1899.

Un enfant :

MASUREL, Edmond-Eugène-Joseph-Charles-Hubert (554).

Masurel

Edmond - Eugène - Joseph - Charles - Hubert   r.

554. MASUREL, Edmond - Eugène - Joseph - Charles -
Hubert, né à Mouvaux le 3 novembre 1883, baptisé à
l'église de Mouvaux. Parrain : Eugène Baratte, son grand-père
maternel ; marraine : Joséphine Wattinne-Masurel, sa tante
paternelle.

Masurel-Wattinne

Eugène - Paul - Joseph   q.

555. MASUREL, Eugène-Paul-Joseph, fils de François-
Joseph Masurel-Pollet (531), né à Tourcoing le 2 janvier 1861,
baptisé église Notre-Dame. Parrain : Paul Masurel, son oncle;

marraine : Joséphine Masurel, sa sœur aînée ; marié à Roubaix le 11 juin 1884, témoins, François Masurel-Jonglez, Charles Pollet - Duthoit , Gustave Wattinne - Desurmont et Octave Dufour, à Berthe-Marie-Pauline WATTINNE, née à Roubaix le 19 février 1865, fille de Gustave et de Laure-Marie Dufour. Parrain : Auguste Dufour ; marraine : Pauline Bossut; contrat de mariage reçu par Mᵉ Duthoit, notaire à Roubaix, le 10 juin 1884.

Eugène Masurel commença ses études au Collège de Tourcoing, et les termina au collège de la Providence à Amiens. Reçu bachelier ès-lettres, il passa ensuite deux ans en Allemagne et en Angleterre ; il rentra en France, pour y faire en qualité de volontaire, son année de service militaire au 5ᵐᵉ dragons à Saint-Omer, et obtint le grade de maréchal-deslogis. Après son mariage avec Berthe Wattine, il entra, comme associé à son beau-père, dans la maison Wattinne-Bossut et fils. En janvier 1888, il quitta cette maison, pour faire partie de la filature de François Masurel frères, dont il partagea la direction avec ses frères François et Edmond.

Eugène Masurel, habite Roubaix, 4, rue du Manège.

Cinq enfants :

MASUREL, Berthe-Laure-Marie-Joseph (556).
MASUREL, Madeleine-Marie-Lucie (557).
MASUREL, Germaine-Pauline-Marie-Joseph (558).
MASUREL, Fernand-François-Eugène-Joseph (559).
MASUREL, Eugène-Edmond-Joseph (559ᵇ).

Masurel

r.

Berthe - Laure - Marie - Joseph

556. MASUREL, Berthe - Laure - Marie - Joseph , fille d'Eugène-Paul-Joseph Masurel-Wattinne (555), née à Roubaix le 9 septembre 1886, baptisée à Saint-Martin. Parrain : Gustave Wattinne, son aïeul ; marraine : Joséphine Masurel, sa tante.

Masurel

r.

Madeleine - Marie - Lucie

557. MASUREL, Madeleine-Marie-Lucie, fille d'Eugène-Paul-Joseph Masurel-Wattinne (555), née à Roubaix, le 7 novembre 1887, baptisée à Saint-Martin. Parrain : Masurel François, aïeul ; marraine : Lucy Wattinne, tante.

Masurel

r.

Germaine - Pauline - Marie - Joseph

558. MASUREL, Germaine-Pauline-Marie-Joseph, fille d'Eugène-Paul-Joseph Masurel-Wattinne (555), née à Roubaix le 20 avril 1889, baptisée à Saint-Martin. Parrain : Gustave Wattinne, oncle ; marraine : Pauline Masurel, tante.

Masurel

r.

Fernand - Eugène - François - Joseph

559*a*. MASUREL, Fernand-Eugène-François-Joseph, fils d'Eugène-Paul-Joseph Masurel-Wattinne (555), né à Roubaix, le 30 juin 1893, baptisé à Saint-Martin. Parrain : François Masurel-Jonglez, oncle ; marraine : Laure Wattinne, tante.

Masurel

Eugène - Edmond - Joseph

559*b*. MASUREL, Eugène-Edmond-Joseph, fils d'Eugène-Paul-Joseph Masurel-Wattinne (555), né à Roubaix, le 24 mars 1900, baptisé à Saint-Martin. Parrain : Edmond Masurel-Baratte, oncle paternel ; marraine : Berthe Wattinne, sœur aînée.

MASUREL-JONGLEZ

François

Masurel—Jonglez

q.

François-Victor-Joseph

(9ᵉ Génération)

560. MASUREL, François - Victor - Joseph, fils aîné de
François - Joseph Masurel (543) et de Joséphine - Catherine
Pollet, né à Tourcoing le 20 juin 1855, baptisé à Notre-
Dame. Parrain : son oncle, Victor Masurel ; marraine :
Madame Ernest Masurel-Pollet, sa tante. Épousa à Tourcoing
le 21 novembre 1877 Eugénie-Louise-Marie-Joseph JONGLEZ,
née à Tourcoing le 24 juin 1857, baptisée église Saint-Christophe. Parrain : Jules Desurmont-Dumanoir, son oncle ; marraine : Madame Charles Wattinne-Jonglez, sa tante. Contrat
de mariage reçu par Mᵉ Bigo, notaire à Tourcoing.

François - Victor - Joseph Masurel fonda en 1877 sous la
firme François Masurel frères, une filature et retorderie de
laines qui, avec la perfection de son outillage et le nombre de
ses broches (65.000 en 1894) tenaient le premier rang parmi les
industries françaises et avait ramené en France la fabrication
des fils d'Alsace. Dès 1889 la maison Masurel frères obtenait
une médaille d'or à l'exposition de Paris. En 1893, elle exposait
à Chicago et M. Krantz, commissaire général de la section
française, proposait pour la décoration le chef de la maison.

M. Masurel-Jonglez avait fondé dans ses deux établissements
des rues de Wailly et des Francs, comprenant un millier
d'ouvriers, plusieurs œuvres sociales : allocations aux jeunes
ménages et aux femmes en couches, encouragements à
l'épargne, association de secours mutuels, et caisse de retraite.

En 1881 il fut nommé du conseil de direction de la Caisse
d'épargne. Il assistait en 1883, comme délégué au congrès des
caisses d'épargne tenu à Paris et était désigné comme membre
du comité d'exécution de ce congrès.

Nommé secrétaire en 1885, il fut élu vice-président l'année suivante. Il apporta plusieurs améliorations importantes, telles que l'ouverture des bureaux auxiliaires dans la banlieue de Tourcoing et de deux nouvelles succursales à Neuville et à Mouvaux ; il dédoubla les jours d'ouverture de la Caisse et fit décider et surveilla la construction de l'hôtel.

En 1889, le comité lainier fondé à l'occasion de la discussion des nouveaux tarifs de douanes le choisit comme président. Il contribua par ses démarches et ses travaux à l'entrée en franchise des laines et l'exemption de la surtaxe d'entrepôt sur les laines d'Australie, du Cap et des Indes. Lors de la dissolution du comité, en 1892, une médaille d'argent lui fut offerte.

En 1892 il fut élu membre de la Chambre de commerce et nommé secrétaire par ses collègues. Il présenta plusieurs rapports importants sur des questions de règlement du travail et d'intérêts commerciaux et industriels de la région.

Il était aussi président de l'Union des filateurs de laines peignées de Tourcoing, vice-président de l'Association des filateurs de Roubaix, Tourcoing, Fourmies et Reims, vice-président de l'Association nationale de l'industrie lainière à Paris, administrateur de la caisse de liquidation de Roubaix-Tourcoing.

En 1892, M. François Masurel-Jonglez fut élu conseiller général du canton Nord de Tourcoing par 3.404 voix contre 2.720 données à son concurrent, M. Paul Lemaître. Au Conseil général, il se distingua par sa compétence dans les questions de commerce et d'industrie. Il déposa, de concert avec M. Dehau, un vœu en faveur de l'enseignement du catéchisme dans les écoles primaires. Il donna sa démission de conseiller général le 3 septembre 1893.

M. François Masurel-Jonglez a été en outre : président de la Commission centrale de statistique et administrateur du lycée de Tourcoing.

Il mourut à Mouvaux le 14 juillet 1894. Sa mort fut un deuil public, tous comptaient sur lui et espéraient en lui.

Les époux Masurel-Jonglez eurent dix enfants :

MASUREL, François-Paul-Henri-Joseph (561).

MASUREL, André-Charles-Joseph (562).

MASUREL, Eugénie-Pauline-Marie-Joseph (563).

MASUREL, Marie-Pauline-Jeanne (564).

MASUREL, Lucie-Hermance-Emilie-Marie (565)

MASUREL, Pierre-Paul-Charles-Joseph (566).

MASUREL, Jacques-Henri-Jean (567).

MASUREL, Jean-Alphonse-Blaise (568).

MASUREL, Robert-François-Marie-Joseph (569).

MASUREL, Suzanne-Eugénie-Théodora (570).

Masurel

r.

François - Paul - Marie - Joseph

561. MASUREL, François - Paul - Marie - Joseph, fils de Masurel-Jonglez (560), né à Tourcoing le 11 septembre 1878 baptisé église Notre-Dame. Parrain : François Masurel-Pollet, aïeul paternel ; marraine : Madame Charles Jonglez-Desurmont, son aïeule maternelle.

Masurel

r.

André - Charles - Joseph

562. MASUREL, André-Charles-Joseph, fils de Masurel-Jonglez (560), né à Tourcoing le 3 avril 1880, baptisé à Saint - Christophe. Parrain : Charles Jonglez - Desurmont, aïeul maternel ; marraine : Madame Albert Wattinne-Masurel, tante, décédé à Tourcoing, le 8 mai 1880.

Prouvost–Masurel

r.

Eugénie - Pauline - Marie - Joseph

563. MASUREL, Eugénie-Pauline-Marie-Joseph, fille de
Masurel - Jonglez (560), née à Tourcoing le 16 avril 1881,
baptisée à Saint-Christophe. Parrain : Paul Jonglez-Eloi, son
oncle ; marraine : Madame Henri Ternynck, sa tante. Épousa,
à Mouvaux, le 24 février 1900, Charles Prouvost, né à
Roubaix, de Charles Prouvost-Scrépel.

Masurel

r.

Marie - Pauline - Jeanne

564. MASUREL, Marie-Pauline-Jeanne, fille de Masurel-
Jonglez (560), née à Tourcoing le 29 décembre 1882, baptisée
à Notre-Dame. Parrain : Edmond Masurel-Baratte, son oncle
paternel ; marraine : Madame Théodore Desurmont-Jonglez,
sa tante maternelle.

Masurel

r.

Lucie - Hermance - Émilie - Marie

565. MASUREL, Lucie-Hermance-Émilie-Marie, fille de
Masurel-Jonglez (560), née à Mouvaux le 29 juillet 1884.
Parrain : M. Emile Rasson-Wattinne, cousin ; marraine :
Madame Charles Pollet-Caulliez, amie.

Masurel

Pierre - Paul - Charles - Joseph

r.

566. MASUREL, Pierre - Paul - Charles - Joseph, fils de
Masurel-Jonglez (560), né à Mouvaux le 28 juin 1886, baptisé
à l'église Saint-Germain. Parrain : M. Charles Jonglez fils,
oncle maternel ; marraine : Madame Albert Wattinne, tante
paternelle ; décédé à Mouvaux le 13 août 1890.

Masurel

r.

Jacques - Henri - Jean

567. MASUREL, Jacques-Henri-Jean, fils de Masurel-Jonglez (560), né à Tourcoing le 21 juillet 1888, baptisé à Notre-Dame. Parrain : Henry Ternynck-Masurel ; marraine : Madame Heindryckx-Bossut.

Masurel

r.

Jean - Alphonse - Blaise

568. MASUREL, Jean-Alphonse-Blaise, fils de Masurel-Jonglez (560), né à Tourcoing le 1er février 1890, baptisé église Notre-Dame. Parrain : Alphonse Pollet-Leman, industriel à Tourcoing ; marraine : Madame Eugène Masurel-Wattinne.

Masurel

r.

Robert - François - Marie

569. MASUREL, Robert-François-Marie, fils de Masurel-Jonglez (560), né à Mouvaux le 20 juin 1891, baptisé église Saint-Germain. Parrain : son frère François ; marraine : Madame Paul Jonglez-Eloi, sa tante.

Masurel

r.

Suzanne - Eugénie - Théodora

570. MASUREL, Suzanne-Eugénie-Théodora, fille de Masurel-Jonglez (560), née à Mouvaux le 9 juin 1893, baptisée église Saint-Germain. Parrain : Théodore Desurmont-Jonglez, oncle maternel ; marraine : Eugénie Masurel, sa sœur.

ANNEXE

FAMILLE COUROUBLE - CLAIES

COUROUBLE, Jean-Baptiste, originaire de Baisieux, ayant épousé Marie-Anne-Joseph CLAIES, s'établit fermier à Bousbecque à la ferme du Gros-Chêne. Il eut quatre enfants ayant laissé postérité :

I. COUROUBLE-DEWITTE, Antoine-Joseph, page 151.

II. COUROUBLE, Marie-Françoise, femme LEPOUTRE, page 157.

III. COUROUBLE, Marie-Ursule, femme LECOMTE, page 158.

IV. COUROUBLE, Marie-Alexis, femme DESURMONT, dont la fille Angélique-Joseph, épousa François-Joseph MASUREL (449), page 159.

On trouvera ci-dessous, les noms de leurs descendants.

I.

Courouble – Dewitte

COUROUBLE, Antoine-Joseph, échevin, fermier à Bousbecque, au Gros-Chêne, épousa à 30 ans, en 1774, Marie-Charlotte DEWITTE.

Ils eurent dix enfants :

1° COUROUBLE, Marie-Joseph, épouse de Jean-Baptiste BONDUELLE.

2° COUROUBLE, Louis-Joseph, fermier du Gros-Chêne.

3° COUROUBLE, Henriette-Joseph.

4° COUROUBLE, Julie-Joseph, femme de Jean-Baptiste VARRASSE.

Bonduelle - Courouble

5° COUROUBLE, Christine-Joseph (1775-1848), femme de Louis - Archange BONDUELLE, cultivateur et marchand tordeur d'huile à Bousbecque, maire de cette commune, qui eurent sept enfants :

a. BONDUELLE, Flavie.

b. BONDUELLE, Lucie.

c. BONDUELLE, (jumelle de Lucie).

d. BONDUELLE, Amélie.

e. BONDUELLE - DALLE, Louis-Antoine-Joseph, conseiller d'arrondissement, né en 1803, décédé en 1880 ; négociant en huile, tourteaux et charbons à Bousbecque, distillateur à Marquette, laisse, outre trois autres enfants :

1. BONDUELLE, Ernest-Edouard-Jean-Joseph.

2. BONDUELLE, Ernest-Edouard-Jean-Joseph.

3. BONDUELLE, Auguste-Etienne-Joseph.

4. BONDUELLE, Paul - Jean - Joseph, décédé curé de Préseaux.

5. BONDUELLE, Louis-Alphonse-Joseph, né en 1834, décédé distillateur à Marquette, époux d'Adèle-Pauline LESAFFRE ; père de Bonduelle, Louis-Antoine-Michel-Joseph, jésuite ; Bonduelle, André-Etienne-Ernest-Joseph, distillateur à Marquette, époux de Madeleine Dehau. Enfants : Madeleine, Marie-Antoinette et Jeanne ; Bonduelle, Henri-Emile-Etienne-Joseph, distillateur à Marquette, époux d'Anne Delcourt enfants : (Henri, Paul, Maurice et Louis) ; Bonduelle, Joseph-

Paul-Clément, distillateur à Marquette, époux de Louise
Delcourt; Bonduelle, Paul-Etienne-Alphonse-Joseph; Bonduelle, Marie-Antoinette-Adèle-Charlotte, religieuse auxilia-
trice sous le nom de Mère du bienheureux Paulus de Navaro
et Bonduelle, Léon-Louis-Auguste-Joseph.

6. BONDUELLE, Stéphanie - Christine - Joseph, veuve de
Louis-Clément LESAFFRE, père et mère de Louis-Etienne
époux de Marie Béhaghel; Félix-Henri, décédé; Pierre-Clé-
ment, distillateur à Quesnoy-sur-Deûle, époux d'Élisabeth
Decoster (enfants Madeleine, Yvonne et Geneviève); Marie-
Louise-Caroline, femme d'Auguste Vandewynckèle, industriel
à Comines (enfants Marie, Clémence, Pierre, Louis, Auguste,
Ignace); Thérèse-Pauline, femme d'Emile Thiorny, agriculteur
à Hernicourt, près St-Pol (Pas-de-Calais) (enfants : Patrice,
Marie-Thérèse, Jean, Antoine); Joseph-Paul-Henri, époux de
Thérèse Prouvost, distillateur à Renescure; Marie-Antoinette
Elisabeth, femme d'André Vandame, brasseur à Lille (enfants :
André, Marguerite, Agnès, Étienne); Étienne-Michel-Joseph
distillateur à Renescure; Stéphanie-Agnès-Geneviève, reli-
gieuse de l'ordre des Dames auxiliatrices du Purgatoire à Ver-
sailles (sœur Sainte-Cécile); Madeleine-Louise, décédée;
Benoit-Joseph-Henri, étudiant.

7. BONDUELLE, Marie-Louise-Joseph, femme de Paul-
Alfred LEMAITRE, maire d'Halluin, fabricant de toiles, à
Halluin et à Lille, place de la Gare (maison Lemaître-Demees-
tère fils), neuf enfants : Pauline-Mariè-Louise-Joseph (1869-
1871); Paul-Etienne-Edouard-Joseph (1871); Jeanne-Germaine-
Thérèse-Louise-Pauline (1872), femme d'Edouard Delattre,
tanneur à Halluin; Paul-Charles-Joseph (1875), époux de
Marthe Boutry; Joseph-Louis-Marie, époux d'Henriette
Lepers; Henri-Emile (1878), abbé; Marthe (1880); Louis
(1882) et Elisabeth.

f. BONDUELLE, Marie - Christine - Joseph, décédée à
Tourcoing en 1887, à 82 ans, veuve d'Auguste-Justin-Joseph

BIGO, marchand de laines à Tourcoing, rue de Tournai, eut cinq enfants :

1. BIGO-D'HALLUIN , Auguste - Jules - Joseph , autrefois notaire à Tourcoing rue de Tournai, demeure rue de Guisnes 56, père de deux enfants : Auguste-Louis-Ernest Bigo , docteur en droit ; Paul-Gustave-Joseph Bigo, étudiant en droit.

2. BIGO, Pauline - Christine - Joseph , veuve de Gustave BRUNEL, notaire à Cysoing, mère de : Gustave-Auguste-Joseph Brunel, vicaire à Comines ; Pauline Brunel, épouse d'Alphonse Lemaire, brasseur à Mouvaux ; Henriette Brunel veuve d'Alfred Damide, capitaine d'infanterie décédé à Cysoing ; d'Auguste - Ernest - Marie - Joseph Brunel, notaire à Cysoing , époux d'Andrée Bertrand ; d'Ernest-Auguste-Paul-Joseph Brunel, étudiant en droit ; Marie, Thérèse, Germaine et Louise Brunel et André Brunel, décédé.

3. BIGO, Ernest-Antoine-Joseph, capitaine des mobiles du Nord, décédé en 1875.

4. BIGO, Élise-Louise.

5. BIGO, Élise-Louise, morte en bas âge.

g. BONDUELLE, Adèle-Joseph, décédée à Bousbecque en 1856, épouse d'Antoine-Joseph DALLE, marchand de lins à Bousbecque, eut huit enfants :

1. DALLE , Zulma - Christine - Nathalie - Adèle , femme d'Adolphe-Charles-Louis-Joseph LECOMTE , décédé associé de la papeterie Dalle frères et Lecomte, de Bousbecque. Onze enfants, dont sept sont morts en bas âge et les survivants sont : Marie-Joseph-Emilie ; Joseph-Antoine-Albert-Eugène ; Germaine-Adèle-Marie-Joseph, femme d'Eugène Desprez, notaire à Roncq et Adolphe-Charles-Albert.

2. DALLE, Antoine - Charles - Joseph, fabricant de papier à Bousbecque , membre du Tribunal de Commerce de Tour-

coing, époux de_Louisa-Clara-Joséphine LEROUX , a eu 11
enfants : Dalle, Claire-Thérèse-Joseph (1870-1874) ; Claire-
Marie-Joséphine (1871-1874) ; Antoine-Charles-Edmond-Joseph
(1873), époux de Gabrielle Lesaffre , pas d'enfant vivant ;
Claire-Marie-Joseph (1875-1877) ; Marie-Antoinette-Joséphine
(1876), épouse d'Adolphe Lecomte (décédé en 1899) ; leurs
deux enfants, sont : Marie-Antoinette et Marie-Adolphe, cette
dernière née après la mort de son père ; Henri-Joseph (1877-
1879) ; Georges-François-Joseph (1879) ; Agnès-Marie-Joseph
(1880-1882) ; Marguerite-Marie-Louise-Joseph (1881) ; Elisa-
beth-Camille-Henriette-Joseph (1883) et Albert (1885).

3. DALLE, Léon-Augustin-Joseph, fabricant de papier à
Bousbecque, époux de Marie-Thérèse LORTHIOIT ; 10 enfants :
Léon-Antoine-Charles-Joseph (1875), époux de Marie Barrois ,
dont il a une fille, Marie ; Charles-Antoine-Paul-Joseph (1876) ;
Madeleine-Antoinette-Louise-Joseph (1877) ; Marie-Thérèse-
Jeanne-Catherine-Joseph (1878), épouse de Léon Roussel ;
Alphonse-Henri-Joseph (1884) ; Auguste-Hilaire-Henri-Joseph
(1881) ; Etienne-Gustave-Louis-Joseph (1883) ; Germaine ;
André ; Gabrielle.

4. DALLE , Clara-Nathalie-Joseph, femme de Carlos-Louis-
Joseph DESTOMBES , négociant en laines à Tourcoing ,
maison Trentesaux et Destombes ; les époux Destombes-
Dalle eurent neuf enfants : Destombes, Marie (1874) , sœur de
la Visitation à Roubaix, sous le nom de Marie de Sales ; Destombes, Auguste (1876) ; Destombes, Gabrielle (1878) , mariée
à Albert Franchomme, de Wervicq, ils ont une fille, Gabrielle
(1899) ; Destombes, Claire (1879) : Destombes, Louise (1880) ;
Destombes , Madeleine (1884) ; Destombes , Joseph (1883) :
Destombes, Antoine et Louis, jumeaux (1888).

5. DALLE , Zélia - Nathalie - Emilie - Joséphine, épouse de
Henri-Joseph LEPERS , industriel à Tourcoing , maison
Lepers - Duduve ; sept enfants : Marie-Antoinette (1875) , ma-
riée à Joseph Leroux, avocat à Tourcoing , dont elle a deux

enfants : Marie-Antoinette et Louis Leroux ; Henri (1887) ;
Henriette, femme de Joseph Lemaître ; Marie-Thérèse (1880) ;
Marguerite-Marie (1882-1884) ; Jeanne-Marie (1885) et Marie-
Madeleine (1887).

Courouble - Bonduelle

6º COUROUBLE-BONDUELLE , Jean-Baptiste, boulanger
à Bousbecques où il est décédé en laissant, outre deux enfants
sans postérité :

a. COUROUBLE , Christine.

b. COUROUBLE , Henriette, veuve Louis DELANNOY,
qui moururent toutes deux à Bousbecque , asphyxiées la nuit
par un calorifère.

c. COUROUBLE , Julie , épouse d'Ignace LAMBIN ,
filtier à Comines, eut pour enfants :

1. LAMBIN , Ignace et Anna, décédés.

2. LAMBIN , Marie, veuve CLEMENT, mère de Charles
Clément-Azambre, docteur en droit, avocat à Lille.

3. LAMBIN-WEYMAERE, filtier à Comines, dont la fille
Marie, épousa Hector Duriez.

4. LAMBIN-MONTHAYE, Auguste, aussi filtier à Comines.

d. COUROUBLE-LAMBIN , Charles, minotier à Roubaix ,
dont les quatre enfants sont :

1. COUROUBLE-MAILLARD , Gustave.

2. COUROUBLE , Sophie, femme Georges DELATTRE.

3. COUROUBLE - MEILLASSOUX, Joseph.

4. COUROUBLE - WATINE , Charles.

Ils habitent tous à Roubaix, sont associés pour la minoterie et ont tous de la famille.

Courouble - Cuvelier (Pierre)

7° COUROUBLE-CUVELIER, Pierre-François, fermier à Witschaet (Belgique). Il a laissé huit enfants :

a. COUROUBLE-DUMONT, Charles, jardinier à Halluin.

b. COUROUBLE, Pauline.

c. SIX-COUROUBLE, dont le ménage a six enfants.

d. COUROUBLE, Étienne, ayant six enfants.

e. VANDERMESCH - COUROUBLE , Stéphanie , quatre enfants.

. *f*. BONTE-COUROUBLE, Christine, sept enfants.

g. COUROUBLE-DELPORTE, Jean-Baptiste, dont la fille Julie, veuve ANKAERT et femme DESPÉGLE a un enfant des premières noces et quatre des secondes.

Courouble - Cuvelier (Simon)

8° COUROUBLE-CUVELIER, Simon-Antoine, qui habitait Wervicq et eut plusieurs enfants dont Désiré COUROUBLE-BRÈME a laissé de la famille.

Lepers - Courouble

9° COUROUBLE, Eulalie - Joseph, épouse de Constantin LEPERS, épicière à Bousbecque, a laissé trois enfants :

1. LEPERS-LIBERT, Charles, l'aîné, a laissé Carlos qui a lui-même des enfants.

2. LEPERS-DELANNOY, Louis, a laissé des enfants qui habitent Bousbecque.

3. LEPERS, Félicité, est morte célibataire.

Varrasse - Courouble

10° COUROUBLE, Angélique-Joseph, épouse de Constant-Joseph VARRASSE, boulanger et fabricant d'huile à Tourcoing au Brun-Pain, a laissé

a. VARRASSE - DELANGLEZ , Louis, décédé à Neuville-en-Ferrain.

b. VARRASSE, Marie-Louise, femme de François LIAGRE, décédée en 1898 à Tourcoing, rue Saint-Jacques, où elle était épicière en gros. Les époux Liagre ont eu sept enfants dont un seul est marié.

c. VARRASSE-BOURGOIS, Jules, maire de Mouvaux. Il a une fille, Julie BOURGOIS-VARASSE, à Mouvaux.

d. VARRASSE - DECONINCK, Carlos - Joseph , qui laisse 4 enfants dont l'un est prêtre au collège de Tourcoing.

e. VARRASSE, Juliette-Cécile, épouse de Louis-François PETIT, fabricant de fuseaux à Tourcoing. Cinq enfants.

f. VARRASSE - AGACHE, Cyrille - Joseph, demeurant à Tourcoing au Brun-Pain.

II

Lepoutre – Courouble

COUROUBLE , Marie - Françoise, épouse de Constantin LEPOUTRE, qui eurent trois enfants ayant postérité :

1° LEPOUTRE - RICHARD, Prosper - Joseph, qui eut pour fils :

a. LEPOUTRE - ROUZÉ , Fidèle - Constant (né en 1785), père de François Wattinne-Lepoutre à Quesnoy-sur-Deûle.

b. LEPOUTRE-DELEPOULLE, Louis-Joseph (né en 1783). père de Félix Lepoutre-Delepoulle dont les enfants sont : 1. Madame Desmazières — Lepoutre, mère de Madame Bettremieux-Lepoutre à Roubaix ; M. Fernand Desmazières-Dussaussoy ; Monsieur et Madame Robert Desmazières - Ricamajoux ; 2. Madame Charles Devouge-Lepoutre à Roubaix.

c. LEPOUTRE - DELEPOULLE, Juste, père de Louis Lepoutre-Lacroix.

2° LEPOUTRE - DUPONT, Constantin - Joseph, père de Benjamin Lepoutre-Dujardin né à Bousbecque 1782.

3° LEPOUTRE, Angélique-Joseph, femme Jean-Philippe-Joseph BECQUART, mère de Becquart-Delassus.

III

Lecomte – Courouble

COUROUBLE, Marie - Ursule, morte à 58 ans en 1794, épouse de Jean-Jacques-Joseph LECOMTE, bailli puis maire de Bousbecque, mort à 77 ans en 1816. Il habitait à Bousbecque la ferme du château ; il acheta cette ferme pendant la révolution et la rendit à ses anciens propriétaires.

Ils eurent huit enfants dont trois laissèrent postérité :

1° LECOMTE-LEPOUTRE, Charles-Louis-Joseph, décédé à Bousbecque en 1847, à 71 ans, laissant :

a. LECOMTE, Albert, principal du collège de Tourcoing, décédé prieur de la Chartreuse de Mougère (Hérault).

b. LECOMTE-CATRY, Charles-Adolphe-Auguste, décédé à 39 ans en 1848, père de : 1. Madame Cuvelier - Lecomte, décédée en 1884 à Bousbecque, à la ferme du Gros - Chêne, laissant des enfants qui habitent Roubaix. 2. Madame Leman-Lecomte à Tourcoing, mère d'Emile Leman - Trentesaux et de Henri Leman, rédemptoriste. 3. Emile Lecomte prieur de la

Chartreuse de Portes (Ain). 4. Albert Lecomte. 5. Charles Lecomte.- Goeman , distillateur à Comines. 6. Adolphe Lecomte-Dalle.

2° LECOMTE - BONTE , Jean-Baptiste, maire de Roncq, décédé à 69 ans en 1837 laissant :

a. LECONTE , Angélique, veuve FACON et femme CASTEL, mère de : 1. Louis Facon-Delescluse, boulanger, à Roubaix rue de Lannoy, dont la fille, Marie Facon, femme Derick a des enfants. 2. Victor Castel-Plantin, père de deux enfants.

b. LECOMTE - DELOBEL , Joachim, père de : 1. Émile Lecomte-Desmuliers, boulanger à Wattrelos. 2. Jean Lecomte-Dujardin, directeur à la Mutualité de Tourcoing.

c. LECOMTE, Jean-Jacques, rentier à Warnêton, dont la fille Bonte née Lecomte a six enfants dont l'un est professeur de philosophie au collège d'Ypres.

3° LECOMTE , Joachim, capitaine d'infanterie, tué à la bataille de Wagram.

4° LECOMTE-DELERUE, Louis-Joseph, décédé à Roubaix en 1853 laissant :

a. Madame FERLIÉ-LECOMTE, Cyrille, morte à Croix en 1895, dont la fille a épousé M. Duthoit, père de M. Eugène Duthoit, professeur à la faculté catholique de droit à Lille.

b. Madame DORCHIES-LECOMTE, Charles, brasseur à Douai.

c. Madame ROUSSEL-LECOMTE, Henri, à Roubaix.

d. M. LECOMTE-SCRÉPEL, Emile, à Roubaix.

IV

Desurmont – Courouble

COUROUBLE, Marie-Alexis, née vers 1728, épousa à Bousbecque le 24 novembre 1756, DESURMONT Jacques-

Joseph, négociant à Tourcoing, né en 1726, mort en 1793.

Du mariage des époux Desurmont-Courouble sont nés cinq enfants ayant postérité.

Masurel - Desurmont

1° DESURMONT, Angélique-Joseph épouse de François-Joseph MASUREL (n° 445 de la généalogie Masurel).

Delepoulle - Desurmont

2° DESURMONT, Marie-Françoise, née à Tourcoing en 1758, qui épousa le 20 août 1780, Charles-François-Joseph DELEPOULLE, né en 1751, fils de Pierre-Jean Delepoulle, né en 1722, marié le 29 novembre 1744 à Anne-Thérèse Boyaval née en 1716, fille de Jean-Baptiste Boyaval et de Marie-Thérèse Holbecq : Douze enfants qui survécurent à leur père.

a. DELEPOULLE, Philippe-Joseph, fabricant à Tourcoing, qui épousa en 1817 Constance DESTOMBES (fille de Pierre Destombes-Desurmont). Leurs enfants sont : Pierre-François-Joseph Delepoulle-Desurmont, docteur en médecine, père de Madame Ruffelet-Delepoulle, dont le mari est avocat à Roubaix ; Philippe Delepoulle.

b. DELEPOULLE, Louis-Constant, qui épousa en 1813 Claire THARIN ; ils eurent plusieurs enfants: l'un tient l'hôtel Doré à Paris, une fille épousa Félix Lepoutre (voir Lepoutre-Courouble).

c. DELEPOULLE, Françoise-Lucie, qui épousa Louis-Joseph LEPOUTRE (voir Lepoutre-Courouble).

d. DELEPOULLE, Augustin-Joseph, époux de Stéphanie FONTAINE, père de Madame Lucien Delepoulle.

e. DELEPOULLE, Charles-François-Joseph, qui épousa le 24 juin 1835 Eugénie BRUNO. Ils eurent sept enfants : 1. Eugénie Delepoulle. 2. Maria Delepoulle. 3. Charles Delepoulle-Joire, négociant à Tourcoing, rue Le Verrier, qui a lui-même douze enfants : Marie-Louise, Charles, Thérèse, Joseph, Ernest, Eugène, Louise, Gabrielle, Antoinette Bernardette, Germaine et André. 4. Edouard Delepoulle-Bruno brasseur à Lille, qui en a dix.

f. DELEPOULLE, Augustine, qui épousa Adolphe DUQUESNOY, négociant à Tourcoing, rue des Anges ; leur fils Adolphe Duquesnoy-Dewavrin, négociant à Tourcoing rue des Anges, juge au Tribunal de Commerce a une nombreuse postérité ; son fils Romain, a épousé Mademoiselle Masurel-Tiberghien ; une de ses filles M. Malfait ; deux autres M. Motte, notaire à Lille.

g. DELEPOULLE, Lucien, époux de Camille Galand, a laissé des enfants dont l'un, Victor Delepoulle-Marin

Desurmont - Tiberghien (Seclin)

3° DESURMONT, Jean-Baptiste, né en 1764, époux de Marie-Augustine TIBERGHIEN, eut cinq enfants :

a. DESURMONT-VUYLSTECKE, Jean-Baptiste.

b. DESURMONT, Charles, décédé à Seclin.

c. Madame LEZAIRE-DESURMONT, dont un fils, Charles Lezaire-Bonsors est négociant en alcools à Lille, et l'autre Jean Lezaire-Dècle, commerçant en sucre à Valenciennes a une fille Jeanne, mariée à M. Fevez, imprimeur à Londres, et un fils Henri Lezaire-Sarrazin, brasseur à Lille.

d. DESURMONT-WATTINNE, Louis, décédé à Courtrai.

e. DESURMONT - DECLOQUEMANT , Édouard , décédé filateur de laines à Seclin laissant : Édouard Desurmont-Raoust, filateur d'étoupes à Seclin, dont les enfants sont : Madame Couvreur-Desurmont, docteur en médecine à Paris ; Édouard Desurmont - Houzet et Paul Desurmont-Collette ; Achille Desurmont-Raoust, associé de son père, qui a trois enfants, Jules, Achille et Georges ; et Charles Desurmont-Schneider, ancien brasseur à Lille, rue Nicolas-Leblanc n° 2.

Lefebvre - Desurmont

4° DESURMONT, Julie-Bonne, qui épousa Marie LEFEB-VRE et eut trois enfants :

a. LEFEBVRE-TIBERGHIEN, Jean-Baptiste, négociant en laines rue de Lille, dont les neuf enfants sont : Jean-Baptiste Lefebvre, décédé ; Jean-Baptiste Lefebvre - Glorieux , une fille, Marie-Louise ; Émile Lefebvre-Prévost, deux enfants, Émile Lefebvre et Albert Lefebvre-Himelspach, ce dernier a lui-même un fils, Fernand ; Léon Lefebvre ; Caroline Lefebvre; Louise Lefebvre et Julie Lefebvre , tous décédés. Joseph Lefebvre Beckers-Hoffe ; Léon Lefebvre-Flament, huit enfants: Léon , Caroline , Ferdinand , Marguerite - Marie , Daniel, Élisabeth, Antoinette et Marie.

b. DESURMONT - LEFEBVRE, Antoine, dont les quatre enfants sont :

DESURMONT - DESURMONT , Gaspard, chevalier de la Légion d'Honneur, ancien conseiller général, décédé propriétaire à Tourcoing, rue de Tournai, laissant deux enfants : Marie Desurmont, épouse de Jean Flipo, six enfants : Jean Flipo-Lefebvre ; Thérèse Leclercq-Flipo, qui a elle-même trois enfants : Albert Flipo, Léon Flipo, abbé, Pauline Tiberghien-

Flipo, qui a elle-même un enfant et Henri Flipo ; Hélène
Desurmont, épouse de Paul Lefebvre, industriel à Lille, neuf
enfants : Jules Flipo-Lefebvre, qui a deux enfants ; Hélène
Duvillier-Lefebvre qui a un enfant; Théodore, Paul, Pierre,
François, Germaine, Maria et Gaspard Lefebvre.

DESURMONT - MOTTE , Jean , négociant en laines à
Tourcoing , rue des Récollets , quatre enfants : Eugène
Desurmont, décédé ; Jean Desurmont-Huicq, pas d'enfant ;
Ernest Desurmont-Duvillier, filateur à Tourcoing, au chemin
des Mottes et artiste peintre, qui a deux enfants, Ernest et
Gérard ; Héléna Desurmont-Desurmont, à Tourcoing rue de
Gand qui a un enfant, Héléna.

DESURMONT , Julie, épouse de Charles FLIPO, dont sont
issus six enfants : Madame Louis Bernard - Flipo, quatre
enfants : Louis, Joseph, Pierre et Charles Bernard ; Charles
Flipo-Prouvost, filateur à Tourcoing, cinq enfants : Charles
Georges, Marie, Reine et Marguerite Flipo ; Romain Flipo-
Leclercq , filateur à Tourcoing , sept enfants : Madeleine ,
Romain, Jacques, Martin, Agnès, Jeanne et André ; Jean
Flipo-Duvillier , filateur à Tourcoing , un enfant : Joseph ;
Madame René Tiberghien-Flipo, sept enfants : Julie, Gabrielle,
René, Madeleine, Robert, Joseph et Germaine Tiberghien ;
et François Flipo-Lefebvre, deux enfants : Julie et Geneviève.

DESURMONT-LEFEBVRE, Antoine, décédé brasseur à
Tourcoing, six enfants : Paul Desurmont - Scrépel, décédé
laissant deux enfants : Jeanne et Paul, aussi décédés ;
Théodore Desurmont-Jonglez, brasseur à Tourcoing, quatre
enfants : Antoine, Théodore, Marcel et Pauline ; Georges
Desurmont-Desurmont, qui a épousé la fille de Desurmont-
Motte ci-dessus, un enfant : Héléna ; et Antoine, Augustin et
Charles Desurmont, tous décédés.

   c. DESURMONT-LEFEBVRE, Jean-Baptiste , dont la fille
Louise Desurmont épousa Polydore Vandenberghe , treize
enfants : Eugène Vandenberghe-Wysen , cinq enfants dont
Eugène, Alphonse et Raphaël ; Anatole Vandenberghe-

Roelands, quatre enfants : Anatole, Marie-Louise, Bernard et
Marie-Louise ; Charles Tiberghien - Vandenberghe, huit
enfants dont Charles, Georges, Henri, Marcel et Jules ; Albert
Vandenberghe ; Paul Vandenberghe - Lepoutre, sept enfants
dont : Isabelle, Marguerite, Marthe et Paul ; Marguerite
Vandenberghe, femme Cambier, cinq enfants dont : Léon,
Marthe et Marie ; Madeleine Vandenberghe, femme de Jules
Huvghebaert ; Caroline Vandenberghe, femme Alphonse
Pollet, un enfant : Joseph ; Georges Vandenberghe et deux
autres enfants morts.

Desurmont - Carton

5° DESURMONT, Louis-Joseph, né en 1768, épousa Marie-
Anne CARTON, de Neuville-en-Ferrain.

Il eut six enfants :

a. DESURMONT-WATTINNE, Jules, négociant à Tourcoing
rue Saint-Jacques, qui eut quatre enfants :

DESURMONT-DUMANOIR, Jules, négociant à Tourcoing
rue Saint-Jacques, ancien président du Tribunal de Commerce
de cette ville, trois enfants : Jules Desurmont - Motte, qui a
quatre enfants ; Desurmont-Descamps qui a trois enfants ;
et Marie Wattinne-Desurmont qui a trois enfants.

DESURMONT-JOIRE, Paul, négociant à Tourcoing, rue
de Gand, quatre enfants : Paul Desurmont-Bossut qui a quatre
enfants : Gabrielle Wattinne-Desurmont qui a quatre enfants ;
Laure Desurmont et Marguerite Legrand-Desurmont.

DESURMONT - LORTHIOIS, Félix, filateur à Tourcoing
quatre enfants : Félix, Max et André Desurmont et Berthe
Joire-Desurmont.

Et DESURMONT, Pauline, décédée, épouse de Charles JONGLEZ, filateur à Tourcoing rue des Anges, ancien président du Tribunal de Commerce, ancien député, quatre enfants: Paut Jonglez-Eloi, filateur à Tourcoing, rue des Ursulines, (sept enfants : Paul, Germaine, Madeleine, Maurice, Suzanne, Robert et Jacques) ; Pauline Desurmont-Jonglez, (quatre enfants : Théodore, Antoine, Marcel et Pauline Desurmont) ; Charles Jonglez, décédé et Eugénie Masurel-Jonglez (Voir généalogie Masurel 560 q.).

b. DESURMONT, Louis.

c. DESURMONT, Jean-Baptiste.

d. DESURMONT, Edouard, décédés célibataires à Roncq.

e. DESURMONT, Marie-Anne, épouse de DESTOMBES, Allard, négociant en laines à Tourcoing, eut neuf enfants qui sont tous décédés, à l'exception de Pauline (en religion sœur Aimée) religieuse à Tourcoing, à Notre-Dame-des-Anges.

f. Et DESURMONT, Adèle, qui épousa DUJARDIN, Alexandre, décédé filateur à Roubaix, on 1870, laissant un enfant : Léonie (sœur Marie-Claire) rédemptoristine à Saint-Amand.

TABLE ALPHABÉTIQUE

www.ingramcontent.com/pod-product-compliance
Lightning Source LLC
Chambersburg PA
CBHW072219270326
41930CB00010B/1912